Anonymous

Vorlesungen der churpfälzischen physikalischen-ökonomischen Gesellschaft

Anonymous

Vorlesungen der churpfälzischen physikalischen-ökonomischen Gesellschaft

ISBN/EAN: 9783744720281

Hergestellt in Europa, USA, Kanada, Australien, Japan

Cover: Foto ©ninafisch / pixelio.de

Weitere Bücher finden Sie auf **www.hansebooks.com**

Vorlesungen

der

Churpfälz. physikalisch-ökonomischen

Gesellschaft

in Heidelberg.

Von dem Winter 1788 bis 1789.

Vierten Bandes zweiter Theil.

Mannheim,
in der neuen Hof- und akademischen Buchhandlung,
1789.

Inhalt.

M. T. L. Semer, über den Werth der wider den Luxus ergriffenen Maasregeln.
Seite 1

F. P. Wundt, umständliche Beschreibung des zwischen Churpfalz und Hessendarmstadt gemeinschaftlichen Oberamtes Umstadt nebst vier Urkunden.
Seite 47

J. L. Erb, Fortsezung des zweiten Abschnittes. Versuch die eigenthümlichen und rechtmäsigen Grenzen der Polizei zu bestimmen.
Seite 153

Geschichte der Churpfälzischen Staatswirthschafts Hohen Schule, und der Churpfälz. physikalisch-ökonomischen Gesellschaft in Heidelberg.
Seite 197

Ueber den Werth der wider den Luxus ergriffenen Maasregeln.

Von
Martin Tobias Engelbert Semer.

Vorgelesen den 11 Februar 1789.

Vorles. IV B. II Th.

Wenn unter einem Volk in der Art zu denken, zu handeln, in der Art zu leben eine Revolution entstanden: so geschah es nicht mit grossen und mächtigen Schritten. Die Natur gehet hier, wie überall, ihren langsamen Gang, den nur das Auge der Klugen in der Nation bemerkt. Es ist der gewöhnliche Fall, daß diese stillen Beobachter ausser der Lage gesezt sind, oder ihre Bescheidenheit erlaubt es nicht, oder endlich, wenn sie ihre Stimme gegen drohende und einreissende Verheerungen erheben, so werden sie nur selten einer Aufmerksamkeit gewürdiget. Man läßt es lieber darauf ankommen, selbst zu sehen, selbst zu erfahren, und wartet also ruhig der Entwickelung der Sache ab, von welcher der Bescheidene so traurige Folgen verkündiget hat.

Das Schlimste dabei ist, daß sich zu den ersten Keimen noch unbemerkt zufällige Ursachen gesellen, die den Ausbruch des Uebels beschleunigen helfen. Es stehet nun in seiner fürchterlichen Grösse da; hat die ganze Nation ergriffen, und sizt fest an den Wurzeln derselben. Man fragt, und fleht sich endlich um Hülfe um. Da kann es dann an Rathschlägen nicht fehlen, denn der Köpfe, denen es nun gilt, sind viele, und so gar diejenigen werden nicht ermangeln, ihre Gedanken zusammen zu tragen, welche selbst schon mit in den Strom hingerissen, und von dem Uebel durchfressen worden. In dieser Verlegenheit ist alles willkommen, was nur die Miene der Heilung trägt, wenn sie von noch so unheiligen Händen kömmt, wenn das Mittel selbst vom Auslande, wie Kaufwaare herbei geführet wird.

Es entstehen da verschiedene Gesichtspunkte, aus welchen die Sache betrachtet wird, und eben so verschieden ist die Behandlungsweise derselben. Da giebt es nun eine durchgängige Gährung; ein stetes Aufbauen und Niederreissen, so gar unschädliche und schuldlose Zweige müssen sich unter diese, zwar gutgemeinte, doch unwirksame Thätigkeit beugen; werden manchmal mishandelt, und oft dergestalt erdrücket, daß, wenn sich der Geist der Verwirrung verlohren, es durch mehrere Menschenalter unmöglich fällt, sie wieder zu beleben. Nach langem Dispute wird sich endlich eine Meinung festsezen, die entweder dem angesehneren, und mächtigeren Theile der Stimmenden, oder sonst einem Augenblicke ihren Ursprung zu verdanken hat, in welchem der Zusammenfluß besonderer Umstände, und ausserwesentlicher Zufälle die nächste Veranlassung gab. Diese Meinung kann so gar zum Volksbegriffe erwachsen, und mit ihr können die Mittel, die man zur Steuerung des Uebels gewählt, mit in die Landeshaushaltung, als wesentliche Stücke aufgenommen werden.

Man ist zufrieden, eine solche Entdeckung gemacht zu haben, deren Aechtheit man dadurch erwiesen zu haben glaubt, wenn man hie und da eine Art auffallender Probe gemacht; wenn man es dahin gebracht sieht, daß sich die Urtheile und die Gesinnungen einer Anzahl Bürger auch ausser dem theilnehmenden Rathe — auf was für eine Weise es geschah? darnach ist keine Frage — sich allgemach darnach richten, und so stellt man eine Meinung in die Reihe der Nationalwahrheiten. Die ungewöhnliche Erscheinung, überredet man sich, wird und muß bei dem Gebrauche der dagegen vorgeschlagenen Mittel sich nun wieder von selbst verlieren. Und des weitern unbekümmert glaubt also jeder sein Aug davon abwenden, und seine Sorge andern Vorfällen widmen zu können.

Aber man sieht auch, daß, da es nur das Werk

der Verwirrung und der Eilfertigkeit war, es keineswegs dem Endzwecke entsprechen werde, den man sich dabei vorgesezt hat. Es wird eben darum von keiner Dauer und Haltbarkeit seyn. Wie sollte eine Nationalkrankheit geheilt werden können, deren Quelle, einwirkende Ursachen, und ersten Symptome in keines Rathmanns Auge gefallen? mit Mitteln, zu deren Eingreifung erst dann, nachdem das Uebel die größte Zerrüttung angerichtet, nachdem es den Körper der gesündesten Kräfte beraubt, und folglich unter Umständen geschritten, die schleunige Rettung nothwendig gemacht haben. Am Ende stehet man, wo man es angefangen, und ist genöthiget einzugestehen, statt einer brauchbaren Wahrheit die Anzahl der Nationalvorurtheile mit einem neuen vermehrt zu haben.

Soll dies nicht die Geschichte des Luxus, und der wider ihn ergriffenen Maasregeln seyn? — Besäßen wir mehrere ähnliche Arbeiten, als uns Meiners über die Geschichte des athenienfischen Luxus geliefert: so wären wir über diese von jeher so verworrene Materie, die so oft, und viele der treflichsten Köpfe beschäftiget hat, längstens ins Reine gekommen. Der Weg der Geschichte ist auch hier, so wie über viele andere politische Gegenstände, das wahre und kürzeste Mittel befriedigende Aufschlüsse zu erhalten. Nach eben dieser musterhaften Bemühung ist der Luxus der Athenienser nicht sogleich in seiner ganzen Grösse da gestanden; er hat seine Fortschritte, und seinen Anfang gehabt, obgleich dieser bedeutender war, als er bei andern Nationen sich mochte gezeigt haben, und besonders bei solchen, bei denen keine gleiche Vertheilung der Güter durch die Staatsverfassung eingeführt war; die sich nicht durch Siege über reiche Feinde empor geschwungen; und die durch einen starken und plözlichen Zufluß von Reichthümern den gefährlichen Folgen derselben nicht ausgesezt waren; und die endlich vorzüglich durch ihre Regierungsform besser gegen die Buhlschaften um die Gunst des Volks gesichert waren, als der athenienfische Staat.

Indessen ist doch so viel gewiß, daß von der 70—80 Olympiade in den Gesinnungen, und Verfassungen der griechischen Völker, und besonders der Athenienser große Veränderungen vorfielen, die man mit Rechte als Wirkungen ihrer Siege und der dadurch erbeuteten Schäze betrachtet. Und nur weil alles bisher an eine gewisse Hausordnung gewöhnet war, welche von strengen Gesezen, und von stracker Vollziehung derselben begleitet war, konnten die Keime des Luxus, welche diese Eroberungen in die Gemüther gestreuet, weiter nichts als eine wohlthätige Quelle seyn, welche nur so lange zur Verschönerung und Verherrlichung Athens floß, bis jemand auftrat, der sie in Nebenwege einleitete. Der war nun Perikles, der mit Anfang der 80 Olymp. erschien; ein einziger Mann! aber unter den Ruhmsüchtigen, denen es an Erwerbung der Volksgunst gelegen war, vielleicht einer der größten. Man denke sich ein durch die vorhergegangene Pisistratische Herrschaft gekränktes, durch die wieder hergestellte freie Verfassung, und durch seine Siege und Reichthümer sich fühlendes Volk, dann den Perikles, bekannt mit fremder Sitte, und mit persönlich großen Eigenschaften, an der Spize desselben: mußte hier nicht die Natur mit beschleunigter Kraft ihren Anfang beginnen? Nachdem Perikles durch prächtige, vorher noch unbekannte, und häufige Feste, durch Gastmäler, und verschwenderische Geschenke den Willen des Volks zu seinen Absichten gebeugt; so brach auch schon mit gewaltiger Macht Luxus in den Privatfamilien aus. Vergebens hatte Solon die Verfertigung von wohlriechenden Salben und Wassern dem stärkern Geschlechte untersagt, und Sokrates den Gebrauch derselben als unmännlich getadelt. Beide wurden immer in grösserer Anzahl und kostbarer verfertiget, und mit grösserer Ueppigkeit und Ausgelassenheit gemißbrauchet. Es bestanden in Athen von den ältesten Zeiten her Geseze und Sittenrichter, die Areopagiten, welche das Recht hatten, den Wandel eines jeden zu untersuchen, und solche, die unsittlich lebten, entweder zu warnen, oder sie auch nach Gutbefinden zu bestrafen. Ausser diesen gab es in Athen noch die Gynoekonomen, deren Pflicht es war, in alle Häuser zu gehen, und zu untersuchen, ob man zu einem Gastmal mehr Gäste gebeten hatte, als das Gesez erlaubte. Der mit dem Geist des Perikles beseelte Epijialtes, sein Freund, hatte zwar den Areopagiten die Aufsicht über die Sitten ihrer Mitbürger genommen; eine Gelegenheit, die den weitern Ausbrüchen des Luxus höchst vortheilhaft war. Hätte sich aber auch diese nicht ereignet: so hat man doch Ursache, sowohl von diesen, als den Gynoekonomen zu zweifeln, ob sie die Schwelgerei, und überhaupt das so mächtig um sich greifende Unwesen sehr hätten aufhalten können? die darauf folgende Periode, die Periode des Alkibiades, wenn man sie mit der vorhergehenden vergleicht, und die

Natur des Luxus, mit der Menschennatur zusammen hält: so kann man sich leicht überzeugen, daß all ihr Ansehen, Ernst und obrigkeitlicher Nachdruck, wären sie im Besiz dieser Dinge geblieben, nicht weiter mehr würden gefruchtet haben.

Bei einem solchen Vorgänger als Perikles war, und bei einem Volke, das schon zu Ausschweifungen jeder Art so gut vorbereitet war, fanden nun Nikias, und nach ihm der zügellose Alkibiades eine gebrochene Bahn. Dieser vorzüglich unterließ nichts, theils durch Erpressungen vom Volke, um auf der andern Seite es durch prachtvolle und üppige Aussenwerke zu blenden, sich aber dabei Macht und Ansehen zu verschaffen, theils durch sein, von seinen Posten Gewicht erhaltendes Beispiel, das, was bishero noch unverdorben war, anzustecken. Man erstaunt, wie schnell um sich greifend der Luxus unter diesem Demagoge war! Es hatte sich bisher die Reinheit der Sitten unter der Jugend erhalten; aber da er das Augenmerk der Männer und Jünglinge, der Weiber und Mädchen ward: so wurde alles mit in den Strom hinein gerissen. Man darf sich daher, wer anders die Folgen eines verderblichen Luxus kennt, nicht wundern, wenn die Herrschaft der 30 Tyrannen so schnell über sie herfiel; man darf sich nicht wundern, daß, so weise und vortreflich die Geseze, und die Einrichtungen waren, welche Thrasybulus, und andere Urheber der Freiheit gleich nach den 30 Männern gaben und machten, die Athenienser ihre alten Tugenden nicht mehr erhielten. — Ja so gar in dem Zeitraum der darauf noch folgenden Drangsalen und Unterdrückung (Ol. 94—100) hat die Ergözungssucht der Armen — wie aus des Lysias Reden erhellet — und die Begierde der Reichen zum Vergnügen des Volks zu verschwenden, eher zugenommen, als abgenommen. Wäre dies nicht die nothwendige Folge des nun einmal eingewurzelten Luxus: so wäre es unbegreiflich, wie in einem Zeitlaufe von 40 Jahren, nemlich von der Wiedereroberung von Kadmea bis zur Schlacht bei Charronea, der Luxus so verheerend und allgemein geworden, daß keine Privatfamilie von seinen Folgen verschont blieb. Vergebens waren die Tugenden und Beispiele einiger wenigen erhabenen Bürger. Vergebens waren die Klagen, womit die Werke damaliger Redner angefüllt waren. Demosthenes wirft es dem Midias unter andern Beweisen und Proben seines Uebermuths und Stolzes vor, daß er stets mehrere Sklaven hinter sich hertreten lasse, denen er üppige Schmeichelnamen gebe. Dinarch und Aeschines hingegen warfen dem Demosthenes seine weichlichen und kostbaren Gewänder vor. Die Geseze des Demetrius Phalereus wider den Luxus, die durch sein eigenes Beispiel entkräftet wurden, waren viel zu schwach, solchen eingewurzelten Uebeln zu steuern 1).

Der Zweck meiner Abhandlung bringt es nicht mit sich, auf gleiche Weise den Spuren des römischen, und des Luxus anderer Völker nachzugehen, und seine Fortschritte zu erforschen. Indessen da die Menschen und die Natur sich überall gleich bleiben; da zwischen der römischen und griechischen Verfassung, und in der Geschichte dieser beiden Nationen genaue Aehnlichkeit von ihrem Ursprung bis zu ihrem Untergange herrschet; da die römischen Schriftsteller über die Ausartung des Volks durch Luxus nicht weniger klagen; da es endlich bekannt genug ist, daß ohngeachtet der Faninisch-Licinisch-Orchisch-Jannisch und Appianischen Geseze wider den Luxus der Ruin des Reichs, wo nicht gänzlich durch ihn bewirkt, doch wenigstens befördert und beschleuniget worden: so dürfen wir wir Grunde annehmen, daß ge-

---

1) Meiners Geschichte des athenienfischen Luxus.

dachte sumptuarischen Geseze mit ihren Censoren eben so wenig im Stande waren, dem Luxus der Römer Einhalt zu thun. Und dies um so viel mehr, als wir nachher von Frankreich sehen werden, daß alle Aufwandsgeseze, die von Zeit zu Zeit daselbst erschienen, ohne Wirkung geblieben; denn in einem monarchischen Staate glaube ich, könnte man sich noch immer eher etwas von dergleichen Unternehmungen versprechen, da hier das Volk mehr geneigt und gestimmt ist, dem Willen des Monarchen zu gehorchen; da es hier leichter ist, Geseze in Ausübung zu bringen, indem diejenigen, die über ihre Beobachtung wachen, besondere Beweggründe finden, strenge auf ihre Befolgung zu sehen; da hier sich endlich für unternehmende Ehrgeizige seltener der Fall ereignet, sich durch die Gunst und Aufmerksamkeit des Volks in Macht und Ansehen sezen zu können.

Demohngeacht aber hat der Luxus in Frankreich, welcher daselbst zu allen Zeiten herrschte, eine Menge Geseze wider denselben veranlaßt. Das erste dieser Art ist von Karl dem Großen. Darauf folgten Ludwig des Gütigen Prachtgeseze, doch nur für die Geistlichen und Soldaten. Ludwig der Heilige machte zwar eigentlich keine; er war für seine Person sehr mäßig, aber es gab zu seiner Zeit Männer und Weiber, die sehr ausschweifend in ihrem Puze waren, welche von dem König nur mit Sanftmuth getadelt wurden. Philipp der Schöne sein Enkel, begnügte sich nicht mit blosen Worten, sondern machte strenge Geseze gegen den Luxus, welche aber weder lange, noch genau beobachtet wurden. Karl VII erließ ebenfalls dergleichen Geseze, die eben so wenig befolgt wurden. Der gute König Ludwig XII ließ den Luxus unangetastet, und war zufrieden, selbst ein Beispiel der Simplicität zu geben. Franz I aber, welcher Anfangs die Pracht begünstiget hatte, war gezwungen, dem großen Misbrauch derselben Einhalt zu thun. Heinrich II hatte gleichfalls großen Hang zum Aufwand; man bewieß aber dem König durch Gründe, daß der Luxus dem Staate schädlich, daher er ihn 1549 durch ein neues Gesez mäßigte. Der Kanzler D'Hopital ließ 1565 ein Gesez gegen die Vertugaden ergehen, eine Mode, die von den spanischen Damen herkam, und welche die französischen bis zur Leidenschaft liebten. Auch verbot er, mit silbernen Agrafen und überhaupt mit Goldschmiedearbeit die Kleider zu zieren. Alle diese Geseze aber hatten keinen Bestand. So gar noch in demselben Jahr wurden die Vertugaden den Damen in Toulouse erlaubt. Karl IX machte 1567 und 1573 auch Prachtgeseze; ingleichen Heinrich III 1583, die so wenig, wie alle vorhergehende, befolgt wurden. Heinrich IV gab alle Aufmunterung zum Seidenbau, und zu allen Manufakturen, die sich der französischen Seide bedienten; nur die fremden Zeuge wurden strenge verboten, so wie alle auswärtigen Produkte, die zum Luxus gehörten. In diesem Edikte, welches 1604 bekannt gemacht wurde, erklärte der König, daß dieses Verbot nur die rechtschaffenen Leute beiderlei Geschlechts angienge, daß er aber den Huren und Spizbuben die Freiheit ließ, sich nach Gefallen zu kleiden. Doch scheint es nicht, daß diese so gut ausgedachte Verordnung von hinreichender Wirkung war; denn nach Heinrichs Tode sah sich Maria von Medicis aufs neue genöthiget, alle Stickereien und Tressen und Stockbänder zu verbieten. Endlich, da man unter Colbert den Grundsaz annahm, daß man den Luxus leiden, und nicht unterdrücken müsse: so wurden alle Prachtgeseze aufgehoben, oder blieben wenigstens unbeobachtet. 2)

---

2) Krüniz Oek. Encyklopedie — 40 Theil S. 228.

Auch in Deutschland war man von jeher nicht weniger bemühet, dem Luxus jeder Art, sowohl von Reichswegen, als auch durch Provinzialverordnungen zu steuern. Die Reichsverfügungen waren vorzüglich gegen die Kleiderpracht, als einen der vornehmsten Zweige des Luxus gerichtet. Dahin gehören die Reichsabschiede von 1500, 1530, die Reformation guter Polizey 1530, Reformation guter Polizey zu Augspurg 1548, die Regimentsordnung, die Kreispolizey-Ordnung u. s. w. Was die Verfügungen betrift, die beinahe von allen Ständen für ihre Lande in dieser Rücksicht getroffen, und von Zeit zu Zeit geschärfet worden: so würde es zu weitläuftig werden, auch nur die vornehmsten hier anzuführen. Man kann sich indessen von ihrer Menge, Verschiedenheit und häufiger Wiederholung sogleich überführen, wenn man sich die Mühe geben will, die in neuern Zeiten veranstalteten Sammlungen von Landesverordnungen und andere Schriften ähnlicher Art nur mit einem flüchtigen Auge zu durchgehen. Man kann sich aber auch zugleich, wenn man auf den heutigen Gang und Lage der Sache mit sein Augenmerk richtet, davon überzeugen, daß wir dem ohngeachtet noch nicht zu demjenigen Geist der Häuslichkeit, und zu demjenigen proportioportionirlichen Aufwand zurückgekehrt sind, von dem ganz allein das Wohl jeder Familie, und mit diesem das Glück der Staaten abhängt, und wohin doch gewiß alle bei so verschiedenen Völkern, und zu verschiedenen Zeiten gemachte Vorkehrungen abgezwecket haben.

Wo liegt nun, frägt es sich demnach, die Ursache der Unwirksamkeit dieser Geseze? Soll sie vom Mangel der Beobachtung und Erfüllung, oder daher rühren, daß man nie, oder nur schwach auf die Ausübung derselben gehalten? — Dies kann im Allgemeinen nicht angenommen werden. Vielmehr lassen die vielfältige Abänderungen, und der stete Wechsel, wo immer eines das andere verdrängt, einen sichern Schluß auf die Bemühung fassen, die man von Zeit zu Zeit angewendet hat, sie in Gang zu bringen, und darin zu erhalten. Lassen sich daher nicht mit größerem Grunde eine Unzulänglichkeit, und innere Unbrauchbarkeit, oder gar eine Unmöglichkeit vermuthen, dem Luxus wirksame Geseze entgegen sezen zu können? — Ich glaube das leztere; denn Aufwandsgeseze! was wollen sie? Ohne Zweifel, wenn sie nicht zweckloß seyn sollen, diejenige Verdorbenheit aus dem Herzen des Bürgers wegheben, schwächen und unterdrücken, welche ihn ver-

leitet hat, über die Schranken häuslicher Ord‑
nung durch Aufwand für Gemächlichkeit, Vorzug
und Pracht zu treten, und an die Stelle derselben
diejenige häusliche Tugend und Stimmung des
Geistes zu sezen, welche ihrer Natur nach wahre
Bürgersitten, wahre politische Tugend sind,
gerade so, wie z. B. Patriotismus, Vaterlands‑
liebe. Diese ist die Wirkung des Gefühls von ei‑
ner solchen glücklichen Lage, die man sich in kei‑
nem andern Lande versprechen kann. Belebt die‑
se Empfindung die Bürger nicht, hat sich eine
gegentheilige in ihren Herzen festgesezt: so wer‑
den alle Gebote, oder Verbote, günstige Gesin‑
nungen fürs Ausland zu hegen, vergebens seyn,
und alle Geseze, die Handlungen solcher Innlän‑
der zum vaterländischen Vortheil zu lenken, zu
machen, daß sie keine zum Vortheil des Auslands
unternehmen, ohne Erfolg bleiben; denn diese
Geseze stehen in einem natürlichen Widerspruch
mit der verkehrten Denkungsart, und mit dem
verdorbenen Willen der Bürger. Eben so verhält
es sich bei der politischen Tugend der Häuslichkeit.
Sie ist die angenehme Empfindung von dem guten
Zustande, in welchem sich die Wirthschaft befin‑
det, und befinden kann, wenn jede Ausgabs‑Ru‑
brike in gehöriger Ordnung, ohne Abbruch der

andern bestritten wird, und keine Gewalt ist vermögend, diesen reinen festen Haussinn, wenn er einmal verlohren, wieder herzustellen. „Es ist hier
„ mehr als eine gemeine Klugheit des Gesezge-
„ bers nöthig, sagt Iselin. Seine Hand, die das
„ Gute wirkt, muß sich mit der äussersten Sorg-
„ falt verbergen, wenn sie nicht alle ihre Kraft
„ verlieren soll. Die Tugend — politisch- oder
„ sittliche Tugend — kann weder geboten, noch
„ erzwungen werden. Sie ist unabhängig, und
„ hat ihren Siz in einem Heiligthum, zu wel-
„ chem aller menschlichen Gewalt der Zutritt ver-
„ sagt ist. Sie verschwindet, sie ist nicht mehr,
„ so bald sie genöthiget wird, zu seyn 3).„

Geben wir aber auch diesen innern Widerspruch zu; lassen wir möglich werden, was es nicht ist: so wird es noch immer darauf ankommen, einen Maasstab ausfündig zu machen, nach welchem allgemein passende Aufwandsgeseze entworfen werden sollen. Und da lassen sich nur zwei gedenken. Der eine wäre der Stand, oder die Stelle, die jeder Bürger im Staate behauptet. Man nehme also z. B. den Mittelstand, den Stand des Beamten: so müssen, vermög der

---

3) Versuch über die Gesezgebung. Zürch 1760. 8.

Ordnung, in der er unter den übrigen stehet, und vermög des nachdruckvollen Ansehens, das denselben nothwendig begleiten muß, für seinen persönlichen und häuslichen Aufwand solche Vorschriften ertheilt werden, die ihn noch immer auf eine auszeichnende Art über die unteren wegheben. Der Mann nun von dieser Klasse, welcher bisher in seiner Wirthschaft hie und da Gelegenheit fand, genauer zusammen zu halten, und der Würde, und dem Ansehen seines Amts durch eine demselben angemessene Lebensart das zu ersezen, woran es ihm die Einkünfte ermangeln liessen, wird nun durch die neuen Aufwandsgeseze, welche mit seiner individuellen Lage in keinem Ebenmaaße stehen, in die traurige Nothwendigkeit versezt seyn, entweder ein Verschwender zu werden, oder sich von den Vorrechten seines Standes etwas zu vergeben. Sezen wir aber auch den Fall: er könne sich noch mehr anspannen; er könne es den Aufwandsgesezen für dermal gleich thun! wird er es wohl immer können? Wird er wohl bei Vermehrung und dem Heranwachsen seiner Familie gleiche Schritte mit selben machen können?—Aber man kennt ja doch die Vermögensumstände dieser Klasse? — Eine ohngefähre Kenntniß derselben läßt sich erwerben, und deswegen lassen sich dann auch nur Aufwandsgeseze nach dieſem ohngefähren Maasſtabe verfaſſen, wo man aber am Ende doch immer wieder aufs Alte zurück kömmt; der minder Vermögliche wird ſich immer wieder am gedachten Scheidewege befinden. Doch, man wähle demohngeachtet dieſen Maasſtab, und richte die Prachtgeſeze nach dem Vermögen ein. Welche unüberſteigliche Hinderniſſe werden ſich nicht bei der Ausführung im Wege legen; eben dieſelben, die es bishero unmöglich gemacht haben, einen durchgängig billig und gerechten Abgabenfuß für die Innwohner der Städte herzuſtellen. Das erſte und *nothwendige* Mittel hiezu wäre eine detailirte Kenntniß des ganzen Vermögenszuſtands jedes einzelnen Gewerbmanns, zu der man nicht anders, als mittels genauer Nachforſchung deſſelben gelangen könnte. Unmöglich kann man eine durchgängige Bereitwilligkeit und Redlichkeit erwarten, und ſo lange dieſe nicht zu hoffen: ſo wird immer der größere Theil ein Anſehnliches von dem Vermögen den Augen der Viſitatoren zu entziehen verſtehen. Wäre aber auch jeder Bürger ſo bürgerlich geſittet, daß er nichts zu verheimlichen gedenke: ſo entſtehen auf der andern Seite wichtige Zweifel, ob nicht durch die Aufdeckung und Bekanntma-

chung ihrer Vermögensumstände der Emsigkeit
ein grösserer Druck und Schade zugefügt würde,
als selbst durch den verderblichen Luxus? Die
Prachtgeseze müßten doch das Gepräge der All-
gemeinheit haben, das sie nie erhalten können,
ohne gedachter durchgängigen Erforschung. Dabei
gäbe es noch immer viele Häuser, und vielleicht
ist ihre Anzahl bei genauerem Blick nicht gering,
deren Aufwand — so sehr er auch in die Augen
fällt — zu dem Punkt, wo er anfängt, Luxus zu
werden, noch lange nicht gestiegen, und der nur
die Folge ihres vermehrten Wohlstandes ist, die
sich aber indessen doch dem lästigen Zwang der
Nachforschung unterwerfen, und sich gefallen
lassen müßten, ihren Gewerbgang, und manchmal die in denselben verwebte Geheimnisse und
Hausvortheile hierdurch unter jedermanns Auge
gebracht zu sehen. Wer berechnet nun den Schaden, den diese ohnehin zweckwidrig behandelten
Häuser durch dergleichen Verrath oft an ihrem
Gewerbe leiden? Wird er nie denjenigen aufwie-
gen, der durch Luxus entstehet? —

Nichts zu reden von der Gefahr, welcher die
bürgerliche Freiheit hiebei ausgesezt ist. Ihr
Einfluß auf die Emsigkeit ist zu bedeutend, und
man kann wohl sagen, in dem Maaße, als sie

eine edlere, oder mehr eingeschränkte Behandlung erhält, in demselben Maaße stehe es in einem solchen Lande um die Emsigkeit. Es fordert daher nicht gemeine Klugheit und Ueberlegung, ehe man derselben nur im mindesten zu nahe zu treten gedenkt. Mit ungleich geringerem Nachtheil können ihr mehrere Opfer des Luxus gebracht werden, als ihr durch sumptuarische Geseze nur von weitem, mittels Erforschung häuslicher Umstände, einen Druck zu bereiten.

Wollte man sich über alle diese unüberwindlichen Schwierigkeiten hinaussezen: so vereinigen sich noch andere Gründe, welche ein solches Bemühen zum Theil erschweren, zum Theil vereiteln. Die Aufwandsgeseze könnten nur diejenigen Waaren, oder luxuriösen Artickel zum Gegenstand haben, sie verbieten, oder einschränken, welche in der jedesmaligen Zeitperiode gäng und gäbe sind, oder die sie eben vor sich liegen hätten; auf unbekannte können sie sich nicht ausdehnen. Wer aber hält eine verdorbene Phantasie auf, daß sie nicht auf neue geräth? Wer sezt dem menschlichen Verstand und Wiz Gränzen, um nicht durch Erfindung allerlei anderer Arten von Aufwand, als die Geseze verbieten, diesen zu entgehen?

Den Vollzug dieser Geseze durch die Polizei

besorgen zu lassen, wenn er anders mit Ernst und Nachdruck geschehen sollte, würde der bürgerlichen Freiheit eben so lästig und kränkend fallen, als das vorhin gedachte Mittel der Erforschung häuslicher Umstände. Zudem wäre ohne strenge Aufsicht kein Erfolg zu erwarten, welche auch nur durch vermehrtes Personale und damit verbundenen Besoldungsstand allenfalls bewerkstelliget werden könnte; denn bei einer wohleingerichteten Polizei ist ausserdem schon jedem ein solches Maas von Arbeit zugetheilt, die eines jeden ganze Person, und alle seine Thätigkeit fordert, wobei ihm also weder Zeit noch Kräfte erlauben, auch gebührende Sorge für genaue Beobachtung der Aufwandsgeseze zu tragen, welche daher, wenn man dem Luxus dadurch Einhalt thun zu können glauben und versuchen wollte, eben so, wie jede andere Landesangelegenheit, behandelt werden müßten; die folglich eigene Einrichtung, Regie, und Beamten verschiedener Ordnung erheischet! — Würde man aber auch diese ins Große laufenden Unkosten nicht scheuen: so stehet noch immer der in natürlicher Verdorbenheit erstarkte Hang nach Luxus entgegen, welcher durch Bestechung der niedern Polizeidiener, und durch viele andere Schleichwege von dem Druck der Aufsicht sich loszumachen bemühen, und auch davon befreien wird können. Das so mühsam und mit vieler Kostspieligkeit errichtete Werk wird also am Ende wieder von sich selbst zerfallen, und durch seinen Verfall zugleich die Unmöglichkeit beweisen, den Luxus mit grade gegen ihn gerichteten Gesezen hemmen zu können.

Es scheint, man habe in neuern Zeiten diese Schwierigkeiten gefühlt, da man hie und da Versuche gemacht, wenigstens dadurch allgemach den Bürger wieder an Simplicität und Häuslichkeit zu gewöhnen, wenn ein und anderer Aufwandsartickel unter besonderer Leitung, und gesezlicher Vorsicht stünde. Man nahm diese Operation mit großem Eifer bei der Kleiderpracht vor. Es ist bekannt, welche Menge Plane über Landesuniformen und Kleiderordnungen dieser Gedanke in kurzer Zeit erzeuget hat. Aber es ist nicht weniger bekannt, daß alle diese Versuche, ohngeachtet alles Ernsts, und aller darauf gewandten Mühe, wenigstens in Deutschland, noch meistens unausgeführt geblieben, oder doch von keinem Bestande wären, worüber ich allein Sachsen zum Beispiel anführen will. Und sollte auch einer hie und da gelungen seyn: so konnte es nur in einem Lande geschehen, das entweder von unbeträchtlichem Umfange, oder in welchem der Geschmack in Kleiderbedürfniß noch nicht ins Vielfache und Mannichfaltige gestiegen, und welchem zugleich das einheimische Fabrikat entsprechend war. Dies würde aber mehr nicht beweisen, als es beweisen soll, nemlich ein Land, dessen Einwohner es keine Ueberwindung kostet, sich auf diese oder jene Art, in diese oder jene Farbe zu kleiden; deren Wirthschaft auf keinen bessern Fuß, als vorhin gesezt wird, und dessen Erzielung, Verzehrung und Cirkulation keine Verschlimmerung, Verlust leidet, oder in die sonst hiedurch eine Unordnung gebracht wird. Keineswegs aber beweißt es, Kleiderordnung und Landesuniform wären überhaupt und für sich ein wirksames und zweckmäßiges Mittel gegen den Luxus. Vielmehr das Gegentheil! nemlich daß, wo gedachte Umstände nicht schon vorhin vorhanden, es ausser der Macht und Kräften der Kleiderordnung liege, sie herbei zu führen. Wären nicht die ersten und vorzüglichsten dieser Umstände in Schweden vor Einführung der Landesuniform bereits da gewesen: so würde ich an der Wirklichkeit derselben mächtig gezweifelt haben, so wie ich gegenwärtig zu Folge des allgemeinen Stillschweigens, das heut zu Tag über diese schwedische Anstalt liegt, vermuthen muß, daß ohngeacht jener vortheilhaften Lage, sie bereits auch das Schicksal aller dergleichen Unternehmungen erfahren. Indessen, und eben gedachter Umstände halber scheint mir auch die Absicht dieser gesezlichen Kleiderpracht nicht die Hemmung oder Unterdrückung des Luxus, und Ehrwürdigmachung häuslicher Simplicität gewesen zu seyn, sondern eigentlich den Unterthan vor der Gefahr des drohenden Luxus einigermaßen in Sicherheit zu sezen, und ihn bei seiner löblichen Hausordnung desto gewisser zu erhalten.

So sehr indessen doch eine solche vortheilhafte Lage dergleichen Unternehmungen mit einem glücklichen Erfolg bekrönen kann: so bleibt dem ohngeacht ein Gebrechen auf ihnen liegen, das mit ihrer Natur unzertrennlich verknüpft ist. Es ist zu sehr wesentlich, daß nicht nach der bürgerlichen Verfassung, nach der Stelle und Ordnung, die jeder Bürger einnimmt, ebenfalls die besondere Bürgerehre durch unterscheidende Kleidung bezeichnet, und ausgedrückt werden sollte. Nach dieser Einrichtung müssen folglich Kleiderordnungen gemacht, und jedem eine seiner Standesehre gemäß entworfen werden. Dahin haben auch wirklich alle bisherige Vorschläge gezielt. Aber ist diese Standesehre bishero nicht kennbar gewesen? Soll neben der natürlichen noch eine unnatürliche Scheidewand zwischen Klasse und Klasse errichtet, und folglich das gesellschaftliche Band, von dessen engerer Verknüpfung jedem so viele Lebensvortheile zufließen müssen, noch mehr aufgelößt werden? — Was, fragt Mößer, kann den Regenten bewegen, den Bauren, der die Stüze des Staats ist, für den schlechtesten zu erklären? ihn auszuzeichnen, daß er der schlechteste sei? Wenn nicht zugleich der Ehrbegierde alle Aussicht je in eine höhere Klasse rücken zu können benommen wird: so findet sie bei einer solchen Veranstaltung nur desto mehr Nahrung; denn jeder aus der untern Klasse ist bei dem ihm zu Theil gewordenen Kleiderrang genöthiget, sich für beschimpft, und schlechter zu halten, und wer wird nun nicht alles mögliche versuchen, aus der beschimpfenden in eine ehrenvollere Klasse sich zu begeben? Der Wohlhabende von geringerer Ordnung wird sich in eine höhere Ordnung einkaufen, um in einer Farbe und in einem Schnitte erscheinen zu können, die ihm gefallen, und die mit mehr Ehre verknüpft sind. Und neben dem, daß er den Endzweck dieser gesezlichen Ordnung vereitelt: so wird er in der Gewerbklasse, der er bisher zugehörte, eine Lücke und Leerheit zurück lassen, die oft zum Schaden der Emsigkeit nicht wieder ausgefüllt werden kann. — Man seze sich aber über all dieses hinweg: so blieben noch immer große Zweifel übrig, ob nicht bei gegenwärtiger Lage, so gar in einem Lande, das keinen, oder nur sehr schwachen auswärtigen Handel treibt, wo folglich der Aufwand meistens aus inländischer Waare bestanden, durch dergleichen Prachtordnungen, wo nicht Nationalverlust, doch wenigstens Stillstand erfolgen müßte? Ohnstreitig trägt bei einem solchen Volk der Aufwand zur Bildung des Nationalgeistes für Emsigkeit sehr vieles bei; viele Erwerbsquellen, die vorhin öde gelegen, werden benuzt, mögliche entdecket, und durch gleichförmig-proportionirliche Vertheilung des Vermögens Unvermögliche in Stand gesezt, solche ergreifen zu können. Die dadurch belebte Emsigkeit kann nicht ohne wechselseitige Wirkung eines Gewerbzweiges auf dem andern bleiben; sie nehmen an innerer Stärke zu; helfen einander sich zu verfeinern, und bringen Produkte von Mannichfaltigkeit, verschiedener Schönheit und Güte zu Stande, die durch diese Vollkommenheiten zum Kaufe lockender werden. Dies gründet Sicherheit des Absazes, vergrößert den Genuß, beschleuniget den Kreißlauf, vermehrt Erzieler wie Verzehrer, bringt Käufer und Verkäufer ins Gleichgewicht, erzeuget Mittelpreiß, Vergröserung des Stammguts, Nationalgewinn. Bei einem solchen Zustande treffen die sumptuarischen Geseze nicht den Luxus, den man hieburch zu hemmen gedenket, sie treffen den Gesamtwohlstand des Staats. Wohlhabende Häuser, die bisher durch einen ihrer Wirthschaft gemäßen Aufwand geglänzet, und nach dem Maaß desselben Verdienst unter das Volk geworfen, werden sich diesem Zwange nicht unterwerfen; jedes andere Land, wo ihnen die Freiheit, sich nach Gefallen zu kleiden und zu leben gestattet ist, wird mehr Reiz für sie haben. Bei denjenigen, welchen ihre Umstände den Abzug verwehren, muß eine solche Behandlung nothwendig eine Erkältung der Vaterlandsliebe nach sich ziehen. Und überhaupt können gegentheilige Ursachen nicht ermangeln, auch gegentheilige Folgen zu haben. Demnach Erstickung des Kunstfleißes; Vertrocknung vieler Gewerbzweige; Anhäufung der Baarschaft in wenigen Händen; schwacher Kreißlauf und Unordnung in selben; weniger Hände, weniger Erzielung; mithin Verminderung des Stammguts, Nationalverlust; und dann in der Folge so lange Stillstand, bis nicht ein größerer Verbrauch anderer Erzeugnisse an die Stelle der erdrückten tritt, welches aber immer das Werk der Gebräuche und der Meinungen seyn wird, die man aufzubringen suchen muß, ohne daß der Machtspruch des Staatswirths sie geradezu anzubefehlen vermöge.

Wenn man aber auch diese Prachtgeseze von Seiten der Billigkeit und Gerechtigkeit betrachtet: so kömmt ein neuer Grund ihrer Verwerfung hinzu. Der seit Menschengedenken feststehende Fuß des Aufwands war die Veranlassung verschiedener Verdienstquellen, welche theils von Fremden, theils von Innländern in der billigen Voraussezung gesucht und ergriffen wurden, um sich und die Ihrigen lebenslänglich und hinreichend darauf zu ernähren. Wäre damals ein Anschein oder gründliche Vermuthung des Gegentheils vorhanden gewesen: so würden jene weggeblieben, und diese ihren Fleiß anderswohin gewandt, und um andere Geschicklichkeiten sich beworben, beide aber sich entweder gar niemals oder doch nicht in solche Familienumstände gesezt haben, als worinn sie sich wirklich befinden. Ihre Angelegenheiten, ihre Aussichten zur Versorgung ihrer Kinder, alles hängt nun mit dem dermaligen Grade des Aufwands aufs engste zusammen, welcher Zusammenhang durch dergleichen neue Lebensgeseze nicht ohne große Kränkung der wohlerworbenen Rechte dieser gemeinen Gewerbsleute unterbrochen werden kann. Sie schadlos zu halten, ist selten möglich, und dann noch erst nicht allemal thunlich, noch zu erwarten, und noch seltener unter rechter Ausgleichung der mit den vorherigen Lebensvortheilen zu erwarten.

Wollte man aber auch mit Aufopferung aller dieser Vortheile, und selbst mit Beiseitesezung rechtlicher Ansprüche dem einmal eingerissenen Uebel entgegen arbeiten: so stehet selbst die Natur des Luxus mit zu überlegener Macht im Wege. Es verhält sich mit ihm, wie überhaupt mit der Natur, die sich überall gleich, und nach ewig gleichen Gesezen wirkt. Unbedeutend in ihren Anfängen, aber groß und wichtig in ihrem Fortgange. Wir finden den Menschen im Stande der Natur, wie in der bürgerlichen Verfassung. Er besizt in demselben nicht weniger Sinnglieder, nicht weniger Kräfte, Stärke und Fähigkeiten der Seele, Bedürfnisse und Triebe, sie zu befriedigen. Hat er sich die unentbehrlichen Nothwendigkeiten verschaft: so stößt ihn die Natur unaufhaltsam fort, zu stillen, was sie noch weiter fordert. Er richtet sohin seine Gedanken

danken auf Güter, die dem Wunsch genug thun, der mit dem Wunsche zu leben unmittelbar verknüpft zu seyn scheint, dem Gefühle nemlich, angenehm und gemächlich zu leben. Was sind wohl die Tieger- und Kazenfelle der Hauptleute bei den Hottentotten, was gewisse Franzen von Häuten, womit ihre galanten Frauen ihre Krösen einfassen, als Beweise vom Daseyn eines ursprünglichen natürlichen Hangs zur Gemächlichkeit, zum Angenehmen. Noch nicht genug. In jedem Winkel der Erde, und in der Geschichte aller Zeiten finden wir gewisse äußere Kennzeichen persönlichen Verdienstes. Herkul trug Käule und Löwenhäute; Der Jäger schmückt sich mit den Häuten erlegter Thiere, der Fischer mit den Kräten der Fische. Der König und die Grosen von Lavango in Afrika tragen fünf bis sechs Sorten von Enkimie, aus Marder- und Zobelfellen auf eine bewundernswürdige Art zusammengesezte Zierrathen, die sehr artig gewählt, und mit Federn von Papageien und andern Vögeln von seltenen und glänzenden Farben versehen sind. Selbst in unsern abgelegensten Provinzen, wohin nie der Geschmack der Städte gedrungen, und die Natur in aller ihrer Einfalt herrscht, giebt sich der Mensch die Mühe, den

Werth seiner Person durch äusere Zierrathen zu erhöhen. Woher diese Erscheinung? Was läßt sie anders vermuthen, als Neigung zu Vorzug und Rang, die tief in der Menschennatur gegründet seyn muß —.

Zwei an sich unschädliche Triebe, die den Menschen durch sein ganzes Leben begleiten. Es ist nicht weniger Prachtliebe, Sinneslust, Neigung zur Gemächlichkeit, Vorzug und Rang, die Paläste erbauet, Lager von Eiderdun bereitet, und Gaum mit Betel und Ananas küzelt, die Ordensbänder erzeugt, und alle jene unzählige Unterscheidungen erfunden, die in die Seele des in der bürgerlichen Verbindung lebenden Menschen ein unabläßiges Bestreben und Unruhe gelegt haben. Und wie konnte es wohl anders geschehen, da diese zwei Triebe ihrem Wesen nach von weitem Umfang, Stärke und einer immer größeren Ausdehnung fähig sind? Von der Beschaffenheit ihrer innern Kraft liegen in der Verfeinerung und Entwickelung der menschlichen Fähigkeiten unzählige Beweise vor Augen. Auch kann man die vortheilhafte Wirkungen nicht verkennen, die sie so reich in allen Zweigen der Staatsökonomie hervorgebracht haben, und wovon ich oben einige Züge gegeben.

Aber wo hören sie auf nüzlich und wohlthätig zu seyn? Wo ist die Gränzlinie, über welche, wenn sie hinausrücken, Unordnung und Entnervung ihre Folgen sind? Sollte es so schwer seyn, dieselbe zu finden? Ich glaube nicht. Wenn man den Naturmenschen mit dem bürgerlichen vergleicht: so sind immer dieselben Bedürfnisse unzertrennlich mit ihrem Wesen verbunden, und der Unterschied, der sich zwischen beiden befindet, ruht nicht so fest auf einer größeren Menge, als vielmehr auf innerer Stärke, Intensie und Verfeinerung derselben. Auch im Stande der Natur ist jedem ein bestimmter Kreis und Maas von Geschäften angewiesen, die alle dahin abzwecken, der Absicht seines innern und äußern Zustandes, dann dem Verhältniß Genüge zu leisten, in welchen er mit den übrigen Gliedern, und auch nach ihrer Vereinigung in eine Nation, gestanden. Er entrichtet daher diejenigen Dienste, die um das Ganze ihrer Gemeinschaft aufrecht und zusammen zu erhalten, nothwendig waren. Auch da hatte jeder eine Familie, deren Wohlstand ihm nicht weniger am Herzen lag. Er hat also einen dreifachen Aufwand zu machen:

1) Den persönlichen zur Nothburft, Bequem

lichkeit, Vergnügen, und auch zur äusserlichen Unterscheidung und Pracht;

2) den wirthschaftlichen Aufwand, der sich nicht blos auf die gewöhnliche Unterhaltung einschränken lässet, sondern wo auch Bedacht genommen werden muß, etwas beizulegen, und das Stammgut hieburch zu vergrößern; endlich

3) den Aufwand auf gemeine Dienste.

Es liegt am Tage, daß so lange nicht jede Klasse dieses dreifachen Aufwands und zwar in einer solchen Ordnung bestritten ist, wo keine die andere hindert, sondern eine wie die andere in allen ihren Theilen richtig bestritten worden, sich der Mensch nicht glücklich fühlen kann. Aber eben so offenbar ist es, daß die stete und strenge Erfüllung dieser dreifachen Pflichten nicht durch Gebote erzwungen werden könne; es ist dies das Werk eines reinen festen Sinnes für Gerechtigkeit und Hausordnung, der durch keine Gewalt und Befehle in den Bürger gepflanzt werden kann; er ist die Wirkung grader unverdorbener Vernunft, wahrer Bildung derselben, und ächter Grundsitten. So bald ihn dieser verläßt: so ist Abweichung von häuslicher Ordnung unvermeidlich, und mit ihr alles Glück für immer dahin.

Geschieht sie so, daß die Ausgaben, die durch Verrückung dieses Gleichgewichts auf Güter verwendet worden, die der Neigung zum Angenehmen, und durch Bequemlichkeit fröhnen: so bald ist wahrer Luxus, oder vielmehr der eine Bestandtheil des verderblichen Luxus, derjenige nemlich vorhanden, welcher gedachten Hang zur Grundlage hat, und der in Ausartung gerathen.

So natürlich leicht jedem achtsamen Aug dieser Maaßstab, und die Entfernungspunkte von dem wahrhaft angenehmen, und dem unschädlichen Vergnügen auffallen müssen: so scheint hingegen die Festsezung eines Standorts mehr Schwierigkeit unterworfen zu seyn, von welchem nemlich über die Schranken geurtheilet werden soll, in welchem die Neigung zu Vorzug und Rang stehen bleiben muß, wenn sie nicht ebenfalls ausarten, und nicht weniger Verderben über einzelne Menschen sowohl als über einen ganzen bürgerlichen Körper verbreiten soll.

Zwar soll und muß auch sie vorzüglich ihre Richtung von eben gedachter dreifachen Hausordnung erhalten, und inner ihrer Gränzen verbleiben. Da sie sich aber merklich von der Liebe zum Angenehmen, und besonders dadurch unterscheidet, daß sie zu ihrer Befriedigung nicht äusserliche Güter erheischet, sondern, wenn diese zu ihrem Gebote stehen müssen, es zufälliger Weise geschieht; so ist die Anwendung derselben zu diesem Endzwecke um so viel merkwürdiger, und in den Folgen bedeutender. Auch hier leitet die Natur, und die Geschichte der ersten Reiche auf Spuren, die so leicht nicht irre führen können. Nur demjenigen ward Anfangs Achtung, Ehre und Vorzug zu Theil, der irgend eine gemeinnüzige That unternommen; der irgend durch wohlthätige Eigenschaften des Herzens, durch Geisteskraft, oder physische Stärke vor andern sich auszeichnete. Dem folgte zu allen Zeiten, im Naturstande, wie beim Ursprung der Staaten Ruhm, Beifall und Erhebung über andere von Stufe zu Stufen; der ward mit Lorber-Eichenlaub, und andern sichtbaren Unterscheidungszeichen gekrönt, und dem Volk als Wohlthäter kenntbar gemacht. Daher jene durchgängige Ruhmbegierde als Nationalsitte; daher die Reihe der Helden des Alterthums, und jene Stimme des Vaterlands, die vormals in den Versammlungen der Griechen und Römer so mächtig ertönte; daher alle die Denkmähler ihrer Größe.

Diese große Wirkungen der Ehrbegierde sind

heute zu Tag offenbar nur sehr selten, und in einem unbedeutenden Maße vorhanden. Und die Ursache davon? Gewiß diese, weil man in unsern Zeiten auf ganz andere Mittel, sich hervor zu heben sein Augenmerk richtet. Es läßt sich wohl nicht leicht durch die Geschichte, aber doch immer auf eine befriedigende, und zwar folgende Weise begreiflich machen, wie sich diese Revolution mochte ereignet haben. Der bürgerliche Mensch sucht seine politischen Kräfte eben so sehr zu vermehren, und sich nicht weniger wichtig zu machen, wie der Naturmensch durch Vermehrung seiner physischen Stärke, und zwar auf eine unmittelbare oder mittelbare Weise. Auf jene, indem er diejenige Fähigkeiten der Seele entwickelt und ausbildet, von deren Anwendung die bürgerliche Gesellschaft ersprießliche Dienste zu erwarten hat. Da aber dies Geschäft mit großer Mühe und Anstrengung verbunden, und bei schon wirklich über Hand genommener unordentlicher Liebe zur Gemächlichkeit nur wenige Muth und Lust genug fühlen, diesen Weg der Arbeit zu wandeln, der unwiderstehliche Hang nach Ehre und Achtung indessen doch befriediget seyn wollte: so müßte eine Bahn eröfnet werden, die der natürlichen und nun erstarkten Trägheit des Menschen die Schritte zum Vorrang erleichterte und abkürzte. Wie leicht konnte es unter solchen Umständen geschehen, daß irgend einer in seinem persönlich- oder wirthschaftlichen Aufwand die gebührende Gränzen überschritten, oder daß selbst bei richtiger Ausübung der Haushaltungsregeln ein größerer äusserlicher Wohlstand die Aufmerksamkeit der übrigen auf sich gezogen; daß er dadurch in Stand gesezt, die natürliche Gleichheit verrückte, und sie sich hingerissen fanden, ihm mehr und bisher nicht gewöhnliche Achtung und Ehre erwiesen. Reichthum trat also hier in die Stelle des persönlichen Verdiensts, und der Fall durfte sich nur wiederholter malen ereignen; so zog er bei der natürlichen Schwäche die größere Menge nach sich, wo dann dieser mittelbare Weg zu Vorzug und Rang nach und nach allgemein beliebt, und das Gefühl für persönlich und reeles Verdienst geschwächt, und allgemach gänzlich erlöschen mußte. Die natürliche Folge davon war eine noch größere Zerrüttung der Hausordnung, und derjenige verderbliche Luxus, der als der zweite Bestandtheil mit dem schon vorhin gedachten in einem zusammengesezten Verhältniß das Totale desselben ausmacht. Daher dann auch die so mannichfaltigen krummen Wege zum Reich-

thum, und das ganze betrübte Gefolge desselben.
„Die Reichthümer, sagt Iselin, erzeugen in
„der Seele nicht allemal die edelsten Begierden.
„Die Beispiele aller Zeiten und aller Völker
„lehren uns, daß dieselben gemeiniglich Werk-
„zeuge des Verderbnisses der Sitten und des
„Staats werden. So viel es also immer mög-
„lich, müssen die Geseze diesem Uebel vorbeugen.
„Sie müssen zu diesem Ende alle dem gemeinen
„Westen nachtheilige Wege sich zu bereichern,
„entehren, und nach Erforderniß der Umstände
„mit den empfindlichsten Strafen belegen. In-
„sonderheit müssen sie den Reichthümern
„den Rang bestimmen, und denselben nicht
„erlauben, die Ehre, welche die Beloh-
„nung der Tugend und der Verdienste ist,
„sich zuzueignen. Die Geseze wären unge-
„recht und unvernünftig, wenn sie den Reich-
„thümern die Bequemlichkeit, das Wohlleben
„und eine gewisse Pracht versagen wollten. Sie
„sind aber zernichtet, wenn der Reiche,
„nur weil er reich ist, die Achtung und
„Ehre auf sich zieht, oder wenn die Reich-
„thümer als der Tugend und Verdienste
„würdige Belohnungen, oder als dersel-
„ben unentbehrliche Begleiterinnen ange-

"sehen werden. Alsdann ist es um den Staat
"gethan. Der Seelsorger der die Sitten pre-
"diget; der Kriegsmann, dessen Tapferkeit mit
"Verachtung aller Güter den Staat beschüzet;
"der Staatsmann, der denselben regieret; der
"Richter, der für die Gerechtigkeit wachet; alle
"werden in ihren Verrichtungen nachläßiger;
"sie werden von dem gleichen Gifte der Begier-
"den angesteckt, verderbt, erniedriget. Die
"Ehre, nachdem sie das Loos der Reichthümer
"geworden, verschwindet aus dem ganzen Staa-
"te, und noch vor ihr die Tugend, die Verdienste
"und die Freiheit 4).„

Betrachtet man nun die bisherige Darstellung der Natur, und den Gang des Luxus: so sind dies nicht zu läugnende Wirkungen desselben, die er in unserm Zeitalter so häufig hervor gebracht hat. Man hat sie, wie es scheint, ganz andern Ursachen zugeschrieben, und da liegt nun auch die Quelle, worum er so lange eine verworrene Streitfrage seyn konnte. Sie waren zu sichtbar, und zu schnell um sich greifend, als daß man einem reifern Nachdenken über seine wahre Natur und Ursprung längere Zeit, und so dem Kinde recht

---

4) l. c.

unter das Angesicht sehen konnte. Vielleicht in keinem der vorhergehenden Jahrhunderten war des Fragens wegen ihm so viel, und keine Periode war so reich an Vorschlägen der Maasregeln gegen ihn, als jene vor 30—40 Jahren.

Es gehört ein eigenes Studium dazu, sich durch die große Menge von nichts bestimmenden Begriffen, Straf- und Lobreden durch zu arbeiten, die in dem Zeitlaufe von allen Seiten her erschienen. Waren irgend in einem Lande neue Bedürfnisse entstanden, und Güter dazu erzielt worden; kam irgendwo zu den bestehenden Volksklassen eine neue mit eigenen Bedürfnissen; hat sich der Wohlstand einzelner Häuser vermehrt, und war damit ein verhältnißmäßig größerer Aufwand verbunden; sind endlich gar fremde Güter im Lande auf- und eingekommen: so war es ohne weiters, und ohne Rücksicht Luxus, verderblicher Luxus! — Faßten nicht die Deklamationen wider ihn, so wie er beaugenscheiniget worden, einen Widerstand gegen den verwöhnten Geist in sich, der gerade zu beleidiget; suchte man nicht eine Ehre darin, demselben geradeswegs entgegen zu handeln; und wäre nicht die durchgängige Erfahrung für diese Behauptung; wäre also das Gegentheil wirklich geworden, d.

h. hätte man den Endzweck erreicht, den man sich bei diesen unbestimmten Strafreden und Machtstreichen vorgesezt hat: so darf ich wohl sagen, daß im Ganzen sowohl als im Einzelen in kurzer Zeit mehr wäre geschadet worden, als durch den eigentlichen Luxus in einem ganzen Jahrhunderte; dann alles, was man sich am Ende bei diesen Feldzügen denken kann, und muß, läuft doch dahinaus das Gefühl vom Besserseyn nicht bei sich erwachen zu lassen, und wenn es da seyn sollte, es zu unterdrücken. Dieser und ähnliche Begriffe im obrigkeitlichen, im schriftstellerischen, und selbst im Vortrage der Religion, derer Geist doch offenbar es nicht fordert, wenn sie zu Volksbegriffen erwachsen, und also die herrschende bei einer Nation würden, können ohnmöglich ohne höchst unselige Folgen auf die Emsigkeit bleiben, und mittels der dadurch erfolgenden Niederhaltung dieser, auf alle übrigen Theile einer vernünftigen Staatsverwaltung. Gefühle dieser Art besonders lassen sich nicht unterthänig machen, und daher darf man sich auch nicht wundern, wenn alle auf sie gewagte Streiche, nur Fehlstreiche waren. Der Maasstab aller Unternehmungen gegen den Luxus ward nur von der Oberfläche der Sache und meistens von einseitigen Wirkungen desselben hergeholt. Daher grif man den Aufwand geradezu an, und verfolgte ihn mit lauter Machtsprüchen. Aber welche Verbote, und was für Stüzen können eine Nation aufhalten, welcher der Enthusiasmus angekommen, sich zu bewegen? Diejenigen selbst, welche, wie wir bei dem atheniensischen Luxus wahrgenommen — das Rad davon aufzuhalten versuchen, drehen sich, ohne es gewahr zu werden, eben so, wie die andern.

Aufwandsgeseze also, da sie ihrer Natur nach, und der Erfahrung zu Folge, nicht leisten, was sie doch ihrer Absicht gemäs leisten sollen; vielmehr auf den allgemeinen Wohlstand weit ausbreitende Nachtheile zu nothwendigen Begleiterinnen haben; der Werth einer Anstalt aber nur in ihrer Brauchbarkeit und Wirksamkeit bestehen kann: so können sie dem Luxus mit Nuzen nicht entgegen gesezt werden, und behalten allenfalls nur dann einen Werth, wenn es darum zu thun ist, Luxus von den Gränzen eines Landes entfernt zu halten. Und auch da nur in so fern sie in Verbindung mit dem allein wahrhaft wirksamen Mittel, der Bildung eines reinen festen Sinnes für **persönliches Verdienst**, für **Hausordnung**, gemeinschaftlich wirken.

Dieser muß durchgängig herrschen; er muß zur Nationalsitte werden, von oben herab, wie in Toscana, durch alle einzelne Glieder des Staats. Dies ist das kräftigste Mittel Simplicität, und Häuslichkeit ehrenvoll zu machen; das einzige wider eingerissenen Luxus!

Umständliche Beschreibung

des zwischen

Churpfalz und Hessendarmstadt

gemeinschaftlichen Oberamtes Umstadt nebst
vier Urkunden.

Von

Friederich Peter Wundt.

Vorgelesen den 18 Februar 1789.

Ehemals hatte das Kurfürstenthum der Pfalz am Rhein mehrere Aemter mit andern benachbarten Herrschaften in gemeinschaftlichem Besiz; wie jeder weiß, der nur einmal flüchtig einen Blik auf unsere Landesgeschichte geworfen, und der eigentlichen Entstehung unsers Durchlauchtigen Kurhauses mit wenigem nachgedacht hat. Da die Masse von Ländern, welche jezt dazu gehöret, sich nach und nach gesammlet, und überhaupt dieses hohe Haus bald zu bald abgenommen; so traf freilich der Fall öfters ein, daß, entweder durch glückliche Eroberungen, wie zu den Zeiten Friedrichs des Siegreichen, oder durch einen Kauf an baarem Geld, oder auch durch Erbfälle und Heirathen mit solche Aemter hinzu kamen, an welchen auch noch andere Fürsten und Herren einigen Antheil gehabt. Selbst etliche der schönsten und berühmtesten Gegenden unsres Vaterlandes können zu diesen Gemeinschaften gerechnet werden: denn wie viele Jahrhunderte war nicht, das, zum größtentheil vortreffliche Oberamt Ladenburg zwischen unserm gnädigsten Landesherrn und dem Bißthum Worms geth.ilet 1), und das Oberamt Kreuze-

---

1) Herr Widder führet in dem 1 Band seiner

Vorles. IV B. II Th.

nach, das an dem Nahstrom hin so viele fruchtbare Oerter besizet, zugleich der Rheinischen Pfalz
und dem Herrn Markgrafen von Baden zuständig?

Es ist wahr, daß man in den neuern Zeiten,
vorzüglich in diesem Jahrhundert, sich viele Mühe gegeben, diese Gemeinschaften — wo es anders möglich war, und keine unüberwindliche
Hindernisse sich vorfanden — aufzuheben, und
durch einen billigen und gerechten Vergleich dahin mit einander überein zu kommen suchte, daß
jeder von den dabei interessirenden Fürsten und
Herren, seinen Antheil insbesondere empfienge,
oder wenigstens durch einen Austausch, oder auch
durch baares Geld eine Vergütung, die ihn völlig schadloß hielte. Es war auch ohne Zweifel,
eine sehr wichtige Regel der Staatsklugheit, welche dieses Unternehmen bewirkte; denn wie man-
chem Anlaß zu einer traurigen Trennung der

---

pfälz. Geographie S. 459 die Austauschtrakta-
ten zwischen Kurpfalz und dem Bißthum Worms
von 1705 und 1708 an. Wenn man einen ganz
vollständigen Begriff davon erlangen will, so
muß man auch den neuesten vom 10 Februar 1722
damit verbinden. Man findet ihn, nebst den
zwei vorhergehenden, in einem besondern Ab-
druck, wobei ein schönes Register, über alle drei
Austauschverträge in Folio — ohne daß die Jahr-
zahl des Drucks dabei bemerket ist.

Gemüther zwischen Nachbarn — oder, wenn wir bis zur ältern vaterländischen Geschichte aufsteigen — wie vielen Menschen-und Landverheerenden Kriegen hätte nicht vorgebogen werden können, wenn man so glücklich gewesen wäre, schon längst solche Maasregeln zu treffen, und sich miteinander in der Güte zu vereinigen? Die Rheinische Pfalz, welche von verschiedenen andern Herren gehörigen Ländern durchschnitten ist, und in Rücksicht auf manche Oberämter sehr zerstreuet und von einander entfernet liegt, würde in diesem Fall auch mehr gerundet, der innere Handel unter ihren Einwohnern mit mehrerem Vortheil betrieben, und diese, bei ihren gegenseitigen Bedürfnissen, sich auch leichter einander haben aushelfen können 2).

---

2) In dieser Rücksicht ist zwischen unserm Kurhaus und dem leztverstorbenen und dem jeztregierenden Herrn Herzogen von Zweibrücken, einiger Aemter- und Oerter-Austausch vorgenommen worden, welche, der Lage nach, für beide Regenten sehr schicklich und gelegen gewesen ist: so erhielte z. B. 1768. Kurpfalz die Schuldheisserei Einöllen, welche so nahe an das Unteramt Wolfstein gränzet, und dasselbige näher mit dem Oberamt Lautereken verbindet — an das Herzogthum Zweibrücken hingegen kam 1779. das zwischen den Oberämtern Zweibrücken und Lichtenberg mitten inne gelegene Räbelberger

Doch es scheinet, daß bei diesem Projekt, welchem gewiß viele unserer weisen und wohlthätigen Landesregenten sowohl als auch ihre kluge Ministers mit mehrerer Reife nachgedacht, sich Schwierigkeiten vorgefunden haben, die eben nicht so leicht aus dem Weg zu räumen waren; ich glaube wenigstens, daß dieses mit der vorzüglichste Grund ist, warum wir bei der Rheinischen Pfalz noch einige gemeinschaftliche Aemter, oder auch kleinere Gerichten und Schultheißereien besizen. Das beträchtlichste darunter ist wohl das, zwischen Kurpfalz und Hessendarmstadt gemeinschaftliche Oberamt Umstadt; weil ich finde, daß der verdienstvolle allgemeine Lehrer der vaterländischen Erdbeschreibung nicht Hilfsmittel genug in Händen gehabt, dasselbige umständlich zu beschreiben, so werde ich mit ihrer gütigen Erlaubniß, meine Herren! eben diesem Oberamt, wie ich schon bei verschiedenen andern gethan, diese besondere Vorlesung widmen, um seine sonst so schäzbare Arbeit theils zu berichtigen, theils zu vermehren. Und zu dem Ende will ich

---

Gericht, das nun den größten und angesehensten Theil des pfalzzweibrückischen Oberamtes Homburg ausmacht. Siehe Bachmanns pfalzzweibr. Staatsrecht S. 5 und 14.

I. Von dem gemeinschaftlichen Oberamt Umstadt überhaupt reden, und vorzüglich dessen Geschichte zu entwickeln mich bemühen;

II. Bei der eigentlichen Ortsbeschreibung nur das, was Herr Regierungsrath Wibder nach seinem Plan nicht anbringen konnte noch wollte, und das mir doch merkwürdig zu seyn scheinet, in das gehörige Licht sezen;

III. Diese Abhandlung damit beschliessen, daß ich eben dieses Oberamt nach seiner jezigen landwirthschaftlichen Verfassung, dem Nahrungs- und Gewerbezustand seiner Einwohner und ihrem sittlichen Charakter mit wenigem beschreibe; und sollte mir auf diesem Wege hier und da noch etwas merkwürdiges begegnen, das entweder diese Gegend ehemals berühmt gemacht, oder auch jezo noch zu ihrem Ruhm dient, so werde ich mich auch dabei kürzlich verweilen.

I.
Etwas von dem gemeinschaftlichen Oberamt Umstadt überhaupt.

Lage, Gränzen und Klima.

Das gemeinschaftliche Oberamt Umstadt hat seine Lage, nach der Erdbeschreibung des mittlern

Zeitalters, in dem alten Maingau 3), nicht, wie es in den gemeinen geographischen Handbüchern heißt, in, sondern vor oder an dem Odenwald 4), und ist das benachbarte kleine Oberamt Ozberg ausgenommen, fast ganz von der übrigen Rheinischen Pfalz abgesondert, und wird zum größten Theil von dem kurmainzischen, gräflich-erbachischen, hessendarmstädtischen und hanauischen Gebiete begränzet. Der nächste Weg, welcher von Heidelberg aus dahin führet, gehet über Weinheim, Fürth, Reichelsheim,

---

3) Was nach der heutigen Geographie in dem alten Maingau ehemals gelegen, hat der sel. Kremer genau bestimmt, in der Geschichte des Rheinischen Franziens S. 111. Von der Rheinischen Pfalz gehören dazu die Oberämter Lindenfels, Ozberg und Umstadt.

4) In dem mittleren Zeitalter lag freilich Umstadt auch in dem Odenwald; denn dieser gebannte Königsforst, den der berühmte Biograph Kaisers Karl des Großen, Eginhard, zwischen den Rhein und Necker versezet, dehnte sich weit bis in den Lobbengau aus, und faßte selbst Handschuchsheim bei Heidelberg noch in in sich. Jezt aber, wie H. Wenk im 1 Th. der heßischen Landesgeschichte S. 73 bemerkt, ist, nach unserm Sprechgebrauch der Odenwald mehr der Name eines Länderdistricts, als eines Waldes und das in einer weit engern Bedeutung, als ihm ehemals zukam. Siehe auch Kremer am angef. Ort S. 215 not. t.

durch den Odenwald auf der gewöhnlichen Poststrase, als worauf vor ungefehr 40 Jahren noch ein Postwagen bis nach Frankfurt gieng; aber seitdem Hessendarmstadt die Chausseen an der Bergstrasse angelegt, wählen, vorzüglich bei üblem Wetter, viele diesen, zwar zwei Stunden längeren aber viel bequemern Weg über Darmstadt, welches noch 4 gute Stunden von Umstadt entfernt ist. Uebrigens ist dieses Obramt nicht, wie Herr Widder behauptet, von drei, sondern nur von zwei, nemlich der östlichen und südlichen Seite mit hohen Bergen umgeben; die westliche hingegen, gegen Darmstadt zu, und die westnordliche öffnet, bis nach Frankfurth, eine der schönsten und fruchtbarsten Ebenen. Das Klima ist daher von vorzüglicher Güte, und man kann wohl sagen, daß so wie diese Gegend, wegen eben dieser Lage reizend und angenehm — daß sie auch nicht weniger gesund sei, und den Einwohnern einen für die körperliche Wohlfarth sehr ersprieslichen Aufenthalt darreicht. Auf der benachbarten Bergveftung Ozberg, welche gut anderthalb Studen südwärts von der Oberamtsstadt, auf einem hohen Berg liegt, hat man eine vortreffliche Aussicht, und kann die ganze Gegend mit einem Blick übersehen: gegen

Ost und Süd bei nahe den ganzen Odenwald, wo Berge und Thäler auf eine so mannichfaltige Art immer mit einander abwechseln, und in einiger Entfernung verschiedene Bergschlösser sich in einer sehr romantischen Lage zeigen; gegen Norden und West aber bis an die Mainzer Brücke die herrlichste mit fruchtbaren Aeckern, Wiesen und Waldungen untermischte Fläche, bis in die Gegend von Darmstadt, Frankfurt und Hanau, so wie sie auf der Landkarte von der obern Grafschaft Kazenelenbogen, welche der hessischen Landesgeschichte des Herrn Wenks beigefüget ist, mit der Hand eines Meisters gezeichnet, dem Auge sehr reizend sich darstellt 5).

Umfang und Oertereintheilung.

Das Oberamt selbst ist nicht gar groß. Es hat, wenn man die dazu gehörige beide vogteiliche Oerter, Niederkeinsbach und Brennsbach davon ausnimmt, weil sie ihrer natürlichen Lage nach durch das Oberamt Ozberg davon getrennet sind, ungefehr einen Umfang von 24

---

5) Die Gränzen des mit Kurpfalz gemeinschaftlichen Oberamtes Umstadt sind auf dieser Karte mit blauer Farbe gezeichnet, und fallen sehr gut in die Augen.

Stunden, und enthält nicht mehr als 12 Ortschaften, die Oberamtsstadt mit einbegriffen, und 4 Höfe 6). Herr D. Büsching nimmt zwar in seiner Erdbeschreibung 20 Oerter an; allein es ist wahrscheinlich, daß er diejenige Dörfer aus dem hanauischen Amt Babenhausen und aus andern benachbarten Herrschaften dazu gerechnet hat, welche berechtiget sind, in dem gemeinschaftlichen herrschaftlichen Forstwald von Umstadt ihr Vieh zur Weide zu treiben, und, unter gewissen Bedingungen, sich zu beholzigen, und in dieser Rücksicht auch, wenn sie hierinnen gegen die einmal festgestellte Geseze handeln, von dem gemeinschaftlichen Oberamte bestrafet werden. Man theilet übrigens das Oberamt Umstadt in das eigentliche Amt und in die sogenannte Zent ein. Zu dem Amte gehören alle die Oerter, welche den beiden hohen Landesherrschaften mit der obern und niedern Gerichtsbarkeit unstrittig zustehen, nemlich: die Stadt Umstadt mit den vier Dörfern: Kleinumstadt, Richen, Sembd, Wüstamorbach und den Höfen: Dorndill, Haußen, Breitwieß und Grünheck 7). Zu der Zent aber

---

6) Den Hof Haußen mit gerechnet, dessen Herr Wenk gedenket.

7) Nach der Schreibart des Herrn Wenks, die wahrscheinlich aus Urkunden entlehnet ist.

wird gerechnet a) das Amt Habizheim, welches der Herr Fürst von Löwenstein-Werthheim nebst den dazu gehörigen Dörfern, Spachbrücken und Zeilhard von Kurpfalz zu Lehen trägt 8). b) Der Marktflecken Groszimmern, der zwar auch diesem Amt einverleibet ist, den aber eben dieses fürstliche Haus von Kurpfalz nur pfandweiß besitzen soll 9). c) Das vogteiliche Ort Rei-

---

8) Von Seiten des Herrn Fürsten von Löwenstei-Wertheim wird behauptet, daß das dem Freiherrn von Harzthausen gehörige Dorf Georgenhausen auch ursprünglich zu dem Amt Habizheim gehöre, weil schon im Jahr 1509 der Schenk Eberhard von Erbach von Kurpfalz mit diesem Dorf belehnet wurde, und *in allen Habizheimer Lehenbriefen auch dieses Orts gedacht wurde: daher habe die kurpfälzische Lehenkammer auch in dem Jahr 1769* den Herrn von Harzthausen aufgefordert, seinen Besitzstand zu beweisen, und hiedurch kann erörtert werden, was Herr Widder B. II. S. 37 sagt. Die ganze Gemarkung des Orts Georgenhausen enthält nur vier Höfe, nemlich die zwei harzthausische Freihöfe, und den sogenannten kurmainzischen und beck'schen Hof. Die übrigen Güter, so die Unterthanen von Georgenhausen, so wie auch der Herr von Harzthausen besitzen, gehören zu dem Zeilharder Feldmark.

9) Weil Herr Widder B. II. S. 34 sagt, daß Groszimmern pfandweiß vor vielen Jahren zu dem Amte Habizheim gekommen, so ist es wahrscheinlich, daß die erste Urkunde davon noch nicht hat entdeckt werden können. Löwensteini-

bach, womit die Herren von Wambold, von Grosschlag und von Reibeld von Kurpfalz belehnet sind. d) Brennsbach und Niederkeinsbach, wovon das erste als pfälzisches Lehen, dem fürstlichen Hause Hessendarmstadt und dem Herrn Grafen von Erbach gemeinschaftlich, das andere aber dem lezteren allein zustehet. In allen diesen Oertern ist die Zentgerichtsbarkeit zwischen Kurpfalz und Hessendarmstadt gemein 10), obgleich zwischen beiden hohen Häusern, über die

---

scher Seits wird geläugnet, daß dieses Ort ganz zur Pfandschaft gehöre, weil in der Urkunde, nach welcher Graf Johann von Werthheim im Jahr 1373 seinen Theil an der Veste Habelsheim an Ruprecht den Aeltesten verkauft, auch der Ausdruck vorkomme: und einen Theil an dem Dorf zu Zimmern.

10) Die Zentgerichtsbarkeit wird von löwensteinischer Seits in Rücksicht auf das Amt Habizheim nur auf die 4 Hauptzentfälle eingestanden, aber die beide hohe Herrschaften dehnen sie weiter aus; allein Kurpfalz und Hessendarmstadt ist auch hierinn nicht mit einander einig; denn Kurpfalz läßt z. B. nicht zu, daß bloße Polizeisachen an das gemeinschaftliche Oberamt gelangen, und will sie allein an das privativ kurpfälzische Amt gezogen wissen. Es gehen selbst in Civilsachen die Appellationen oft in den Zentorien, nur an dieses privativ pfälzische Oberamt, jedoch mit Widerspruch von Seiten des Hauses Hessendarmstadt.

eigentliche Landes- und Oberherrlichkeit, besonders in Rücksicht auf die pfälzische Lehen schon längst gestritten wird, und zugleich das fürstlich-Löwensteinwertheimische Haus wegen dem Amte Habizheim schon seit dem 30 jährigen Krieg über mannichfaltige Beeinträchtigungen bei den höchsten Reichsgerichten geklagt hat 11). Doch das gehöret zu der Litteratur des besondern deutschen Staatsrechts, dessen Kennern und Liebhabern ich auch die nähere Erörterung dieser Gegenstände gerne überlasse. Ich wende mich daher zu der eigentlichen Landesgeschichte. Aber ich bedaure, daß ich hier auf einem Wege wandeln muß, wobei ich meinen Reisegefährten eben keine ganz freie und offene Aussicht versprechen kann. Die verschiedene Regenten, welche hier in kurzer Zeit auf einander gefolget, und sich oft

---

11) Siehe die von Herrn Wenk S. 628 not. t. angeführte Deduktion: *Kurze Repraesentatio Status Caufarum ex Actio Löwenstein contra Kurpfalz und Heffen zusammen und respective Heffen allein*. Der Prozeß ist bei dem Reichshofrath anhängig, und betrifft die Schazung, den Spechbrücker Teich — die Groszimmerer Pfarrgefälle und andere Gerechtsame, welche man Löwensteinischer Seits vor dem 30 jährigen Krieg im ruhigen und gerechten Besiz gehabt zu haben behaupten will.

auch das Recht zum Besiz dieser Herrschaft auf Kosten der Unterthanen zu erwerben suchten — Die viele, über einzelne Gegenstände errichtete Verträge, welche man in der Folge wohl eben so wenig zu halten gedachte, als man jezt noch über deren Sinn und Auslegung streitet, so wie manche bis ins Kleine gehende Zertheilungen, die man, um sich zu vereinigen, vorgenommen — machen, daß diese Geschichte in der That manchmalen mehr einer Sandwüste als einer schönen breiten und gebahnten Straße gleichet. Indessen hoffe ich, daß dessen ungeachtet, sich noch manches auf diesem Pfade entdecken lassen soll, daraus man auf den Geist, die Sitten und die Staatsverfassung des mittlern und der gleich darauf folgenden Zeitalter einen sichern Schluß machen darf, und daß also in dieser Rücksicht doch einiges Vergnügen damit verbunden seyn mag? Wenigstens will ich zu dem Ende mich dabei der Arbeit eines Mannes bedienen, der alle hieher gehörige Nachrichten mit eben so viel Geschmack als kritischem Fleiß gesammlet hat — nemlich der schon oben angeführten heßischen Landesgeschichte des Herrn Konsistorialrath Wenks zu Darmstadt 12), wo man aus sichern und rei-

---

12) Darmstadt 1783. 4. 658 Seiten, ohne das

nen Quellen manches von unserm Oberamt antrift, das man gewiß an andern Orten vergebens suchen wird — und, um alle Verwirrung zu vermeiden, werde ich deswegen auch, nach seinem Beispiel, die Geschichte des eigentlichen Amtes Umstadt, von der besondern Geschichte des Amtes Habizheim trennen, und wenn ich von seiner Darstellung abzuweichen mich genöthiget sehe, die Ursachen davon gleich anzeigen.

A.
Geschichte von Umstadt a) unter den fränkischen Königen.

Die Stadt Umstadt führte in den ältern Urkunden gewöhnlich den Namen Autmundistatt, oder auch Ohmenestatt und Ohinestatt, und war zugleich eine Vestung, welche mehrere angesehene Burgmänner hatte, wie z. B. die Gansen von Ozberg 13), die von Wambold, von

---

Urkundenbuch von 336 Seiten. 1 Band. Daß dieses herrliche Werk für den pfälzischen Topographen merkwürdig, hat schon der sel. Büttinghausen bemerket in der vierten Probe pfälz. histor. Nachrichten aus neuern Schriften S. 178 und 191.

13) Diese Familie ist 1694 ausgestorben. Einer dieses Geschlechtes, namens Johann Fleickhard Gans von Ozberg hat eine eigene Nachricht davon im Jahr 1037 aufgesetzet, welche

Rodenstein, von Ullner, von Sickingen und Curti 14). Sie war ursprünglich eine königliche Villa oder Reichsdomaine, zu welcher viele einzelne umljegende Güter gehörten, aus denen nach und nach eben so viel Dörfer entstanden; und weil sie zusammen der Gerichtsbarkeit des Prokurators der Villa oder des königlichen Meyers unterworfen waren, so gab dieses ohne Zweifel, nach Verdußerung derselben, zur Entstehung des ansehnlichen Land- oder Zentgerichtes, das von der Stadt den Namen führet, die erste Gelegenheit. Dieses Landgericht war ein erheblicher Theil des großen Maingaues, und begriffe, ausser den Dörfern und Höfen, die noch jezo dazu gerechnet werden, vormals noch mehrere, nun zum pfälzischen Oberamt Ozberg und dem hanauischen Amte Babenhausen gehörige Orte 15).

---

sich in dem Sickingischen Archiv zu Mainz befindet, und davon der sel. Büttinghausen etwas dem Publikum mitgetheilet im 2 Band der Beiträge zur pfälz. Geschichte S. 124.

14) Die bürgerlichen werden noch jezt ertheilet, ob sie gleich die Besizer verschiedentlich verändert. Die Burgmänner haben unter andern die auf gewisse Gegenden eingeschränkte kleine Jagd in der Zeit, einige Nuzungen in dem Umstädter Forst u. s. w. Ehemals hatte man auch eine gewisse adeliche Familie von Umstadt. S. Guden. Codic. dipl. Tom. III. pag. 396.

15) Siehe zwei von der Zent Umstadt handelnde

Pipin, Vater des Kaisers Karl des Großen, der sich die Gunst der Reichsstände, besonders der Geistlichkeit, durch die feinste Staatskunst erworben; schenkte kurz vor seinem Tod, im J. 768 aus Ehrfurcht gegen den heiligen Bonifazius, als dem größten Apostel der Deutschen, der von ihm gestifteten Abtei Fuld, die Villa Autmundistatt 16). Ob aber die kleine Herrschaft Ozberg, bloß als ein Zugehör dieser Villa, oder durch eine besondere königliche Schenkung an Fuld gekommen, getrauet sich Herr Wenk nicht genau zu bestimmen, ob er gleich behauptet,

daß

Schriften, die auch Herr Wenk anführet: a) Conr. Frid. *Hesse* (jezigen wormsischen Konsulenten) diff. *de Centena sublimi, speciatim in Landgraviatu Hasso-Darmstadino ejusque vicinia.* Gott. 1746. 4. b) *J. Conr. Hallwachs Commentatio de Centena illimitata, sive territoriali.* 4 Francof. 1746. In beiden sind auch die Zentweisthümer abgedruckt, und in der leztern stehen auch alle die Orte namentlich, die ehemals dazu gehörten.

16) Die Urkunde stehet in *Schannats* Trad. Fuld. pag. 14. *Eckard* in *Francia Orientali* Tom. 1 p. 586 macht zwar Einwendungen gegen das Datum und die Aechtheit dieser Urkunde; aber Herr Wenk behauptet, daß dieselbige von keiner Erheblichkeit seien, und daß sie von *Schannat* in Archiv. Fuld. vindicat. p. 52 genugsam widerlegt worden.

daß die Abtei von alten Zeiten her im Besiz derselbigen gewesen. Umstadt selbst, als die jezige Oberamtsstadt muß damals nicht ganz beträchtlich gewesen seyn, weil sie schon eine eigene Kirche hatte. Sie war dem Apostel Petrus gewidmet, und Karlomann, der Bruder des Kaisers Karl des Großen, der 771 starb, schenkte 17) das Patronatrecht derselben an das Bißthum Würzburg 18). Die Schenkung Pipins aber muß doch einiger Einschränkung unterworfen gewesen seyn, weil wir wissen, daß der Kaiser Otto der III. aus dem Sächsischen Hause, erst im Jahr 990 auf Vermittelung des Bischofs von Worms, der Abtei Fuld die Bezahlung desjenigen nachgelassen, was der königliche Fiskus im Omestatt jährlich zu fordern gehabt hat 19).

---

17) *Eckards* Franc. Orient. Tom. I p. 391 Tom. II p. 178 und 711. In den leztern Stellen wird der Bestättigung dieser Schenkung des K. Ludwigs des Frommen, und des K. Arnulphs erwähnet.

18) Siehe ein altes Seelregister in *Kettnes* heßischen Nachrichten 4. St. S. 138, woraus erhellet, wie ansehnlich diese Kirche vor der Reformation gewesen, und *Würdtweins* Dioeces. Mogunt. p. 551 und 555.

19) *Schannats* Hist. Fuld. P. III. p. 131 angeführt von Herrn *Widder* 2 B. S. 20 not. z. auf welche Art dieses Patronatrecht wieder an

b) Unter der Abtei Fuld und den Dynasten von Münzenberg und Hanau.

Der Abt und das Konvent zu Fuld war auch hierauf lange in dem ruhigsten Besiz von Umstadt und allem, was dazu gehörte. Erst in dem 11 oder auch dem 12 Jahrhundert hatten sie, um sich allenfalls, wie Herr Wenk muthmaset, durch einen wichtigen Vasallen eine neue Stüze zu verschaffen, die eine Hälfte davon den Dynasten von Münzenberg 20) zu Lehen gegeben; weil der erste bekannte Stifter dieses Geschlechtes, Eberhard, ein Zeitgenosse und Günstling der beiden Kaiser, Heinrich des 4ten und 5ten gewesen, und seine Nachkommen die Reichskämmerer-Würde bekleidet 21), so beruhet diese Muthmaßung auch auf guten Gründen. Der älteste Münzenbergische Tochtermann, Rein-

---

das Stift St. P. u. Alex. zu Aschaffenburg gekommen, kann ich nicht bestimmen.

20) Von der Geschichte und Genealogie dieser Dynasten handelt Herr Wenk im 4 Abschnitt §. 34 S. 271—296.

21) Ob Eberhard selbst Reichskämmerer gewesen, will Herr Wenk nicht bestimmt annehmen; aber dessen Sohn Konrad scheinet ihm wenigstens im Besiz dieser Würde gewesen zu seyn, und von seinem Enkel Kuno sagt er, daß er vom Jahr 1168 den Titel davon geführet S. 275.

hard von Hanau 22) wußte sich bei diesem Antheil von Umstadt zu behaupten, obgleich der Abt zu Fuld, bei dem Absterben des Münzenbergischen Mannstammes (1255) bemühet war, ihm denselbigen zu entziehen, und als ein eröfnetes Lehen wirklich dem Graf Diether III. von Kazenelenbogen zuerkannte 23). Ueber die eigentliche Fuldische Hälfte hingegen hatte eben dieser Graf schon die Vogthei aus der 2ten Hälfte des 13ten Jahrhunderts hergebracht; denn, nach einer Urkunde 24) vom Jahr 1267, belehnte ihn damit der Pfalzgraf Ludwig, und zwar, nach dem Urtheil des Herrn Wenks, als oberster Richter des Kaisers 25), welcher nicht selten den

---

22) Man hat zwar keine Lehenbriefe der Herren von Hanau von dem Stifte Fuld mehr übrig; aber daß sie ihren Antheil an Umstadt dennoch von Fuld zu Lehen getragen, erhellet aus der von Herrn Wenk Num. 176 S. 202 aufgestellten Urkunde vom 4ten April 1390 und aus den nachfolgenden pfälzischen Lehenbriefen, die an die Stelle der fuldischen getretten.

23) Siehe die 29te Urkunde bei Herrn Wenk S. 25.

24) Eben daselbst Num. 47 S. 33 und H. Wenk hält dieses nicht für die erste Belehnung, weil sich wenigstens kein Grund angeben ließ, wie die Pfalzgrafen erst damals, wo die alte Reichsverfassung sich schon sehr geändert hatte, zu dieser Gerechtigkeit gekommen seyn sollten.

25) Bei der Erwähnung dieser Befugniß der Pfalz-

Geistlichen, besondere weltliche Stellvertreter sezte, weil man glaubte, daß Zwang und Bann für dieselbige etwas unschicklich sei, und dem Charakter eines Geistlichen nicht angemessen; Indessen ist nicht zu läugnen, daß es in der Geschichte noch nicht klar, ob die Vogthei, womit der Pfalzgraf den Graf Diether III. von Kazenelenbogen belehnte, etwa nur die Stadt Umstadt angieng, von dem Landgericht aber noch verschieden war, oder ob er lange in dem Besiz desselbigen gewesen? Herr Wenk wagt es wenigstens nicht, darinnen zu entscheiden 26).

---

grafen, beruft sich Herr Wenk S. 327 not. f) auf des Herrn Prof. Crollius fürtrefliche Abhandlung de Ducatu Franciae Rhen. in Act. Acad. pal. Tom. III. p. 469. In Fabris und Kammersdörfers histor. und geograph. Monatsschrift 4 St. S. 266—294 ließ man über diesen Gegenstand auch eine schöne neue Abhandlung von Herrn Zufeland, unter dem Titel: Des Rheinpfalzgrafen Richteramt über den Kaiser, kein Märchen. Herr Widder nimmt an B. II. S. 21, daß der Pfalzgraf Konrad gegen das Ende des 12ten Jahrhunderts, die eine Hälfte von Umstadt, als Schuz Schirm- und Kastenvogt des ehemaligen Frauenklosters zu Höchst am Flusse Mimling zu Lehen getragen, und daß die nachfolgende Pfalzgrafen sie auch in dieser Eigenschaft empfangen hätten.

26) Nach dessen Geschichte S. 328 und vorzüglich S. 624 u. g.

c) **Unter Hanau und Kurpfalz.**

Ja, er scheinet vielmehr das Gegentheil zu behaupten, weil er sagt: Von dieser Zeit an (nemlich nach dem Absterben des Münzenbergischen Mannstammes) behielte Fuld und Hanau Umstadt in ungetheilter Gemeinschaft — bis auf das Jahr 1374, wo die Abtei ihre Hälfte samt der Herrschaft Ozberg, um 23875 fl. auf 9 Jahre an Hanau verpfändete; aber die Lösung konnte nach Endigung derselben nicht erfolgen, weil eben diese Abtei, entweder durch eine nicht zum besten geführte Wirthschaft, oder aus andern noch unbekannten Gründen 27) sich in einer so traurigen Lage befande, daß sie sich vielmehr genöthiget sahe, unter dem Abte Friederich, 1390 die Herrschaft Ozberg, und ihre Hälfte von Umstadt, samt der Lehnbarkeit und Mannschaft der Ha-

---

27) In der Urkunde, worinnen der Abt Friedrich, nachdem er das Schloß Ozberg, das Städtgen Herings und seine Hälfte von Umstadt an Pfalzgraf Ruprecht den älteren verkauft, den Henne Grosschlag an diesen seinen neuen Lehenherrn weist, vom J. 1390 heißt es: Das wir umb unsern und unsers Stifts bessern Nuzen und khundtlichen grossen Notturft willen verkaufft. Siehe Wenks Urkundenbuch Num. 276 S. 201.

nauischen Hälfte erblich und eigenthümlich an den Kurfürsten von der Pfalz, Ruprecht den älteren, zu verkaufen 28). Die pfälzische Geschichtschreiber 29) behaupten daher, daß von diesem Zeitpunkt an, die Burg und Amt Umstadt als ein pfälzisches Eigenthum geachtet, und in der sogenannten Rupertinischen Constitution, 1395 ausdrücklich unter jene Landesstücke gesetzet würde, welche künftighin auf immer bei der Pfalz verbleiben sollen. Der Verkauf wurde deswegen auch sehr feierlich errichtet, indem man alle Unterthanen gänzlich an Kurpfalz gewiesen, und sie von dem Stifte Fuld ihrer Pflicht und ihres Eides frei gesprochen hatte; der Abt von Fuld verkündigte auch allen Burgmännern und Vasallen, daß sie ihre Lehen nunmehr von dem Pfalzgrafen zu empfangen hätten, und schrieb selbst, um die Bestätigung dieses Verkaufs an den damaligen Pabst, und dieser befahl dem Bischof zu Worms im J. 1394 eine Urkunde darüber auszufertigen. Es ist zwar nicht zu läugnen,

---

28) Im Text der Geschichte nennet Herr Wenk den Verkäufer unrichtig, den Abt Heinrich und den Käufer Ruprecht den ältesten. Die Urkunde giebt richtiger dafür den Abt Friedrich und Ruprecht den älteren an.

29) Widder 2 Band, Seite 215

daß noch eine geraume Zeit, wenigstens der Nuznießung nach, Hanau die beiden Aemter Ozberg und Umstadt im Besiz gehabt, weil die Abtei Fuld von diesem Hause, selbst während der Unterhandlung mit Kurpfalz, noch 2000 Gulden, unter der Bedingung aufgenommen, daß die Pfandschaft noch 6 Jahre weiter dauern sollte. Der Kurfürst von der Pfalz übte indessen doch die oberlandesherrliche Rechte aus; so gestattete er z. B. der Bürgerschaft zu Umstadt, im Jahr 1401 die Erlaubniß, alle Dienstag einen Wochenmarkt zu halten, und belehnte aufs neue 1404 ten Reinhardt von Hanau mit der Hälfte von Umstadt, und allem, was dazu gehöret, obgleich die völlige Gleichstellung, nach welcher der gemeinschaftliche Besiz, so wie er zuvor zwischen Fuld und Hanau üblich gewesen, nun zwischen Hanau und Kurpfalz eingeführet ward, erst in dem Jahr 1428 vollendet worden seyn mag 30).

---

30) Für dieses Jahr spricht Herr Wenk und zwar aus einer noch ungedruckten Hessendarmstädtischen Deduktion wegen der Lehenschaft des Dorfes Schafheim *contra* Kurpfalz, deren Inhalt sich befindet bei Ludolph *de Jure Foeminarum illustrium* in Adpend. N. 4 p 213 &c. Daselbst sollen auch einige pfälzische Lehenbriefe für Hanau angeführt seyn, und zwar der erste vom Jt 1410 über die Hälfte von Umstadt, das

d) Unter Kurpfalz und Hessen insgemein.

Pfalz und Hanau waren wenigstens von dieser Zeit an in dem ruhigsten gemeinschaftlichen Besize von Umstadt, bis zur bekannten Baierischen Fehde 1504, wo die Rheinische Pfalz 31), die unter dem Kurfürsten Philipp dem Aufrichtigen in dem schönsten und blühendsten Zustand sich befande, und durch die Siege seines grossen Oheims Friederichs des ersten an so vielen Städten und Herrschaften zugenommen, und sich so weit ausgebreitet hatte — in einer Zeit von 5 Monaten — in das tiefeste Elend gestürzet, und wieder in sehr enge Gränzen eingeschränket ward 32). Der Landgraf von Hessen, Wilhelm der zweite, überfiel mit einer starken Schaar von rohen und wilden Kriegern, welche, wie es die That bewiesen, weder von Schonung noch Menschlichkeit etwas wußten, dieses

---

Dorf Schafheim, den Kirchensaz daselbst, den Hof zu Schlierbach, und den Hof zu Semdd bei Umstadt.

31) Trithem hat diesen Krieg bloß in Rücksicht auf die Rheinische Pfalz am genauesten beschrieben in *Freheri* scriptorib. rer. Germ. Tom. 3 S. 113 u. f.

32) Finsterwald erzählt umständlich, was die Feinde von der Pfalz an sich gezogen S. 171.

herrliche Land, und richteten in wenig Wochen, an dem Rheinstrom und der Bergstraſſe bis gegen Heidelberg, ſo wie der Herzog Alexander von Zweibrücken in der Grafſchaft Sponheim 33), in wenigen Wochen über drei hundert Oerter zu Grund 34). Was dem Schwerdt entgieng, ward ein Raub des Feuers. Die meiſten Flecken und Dörfer wurden abgebrannt, die Kirchen und Klöſter zerſtöhret, und die Mauern der eroberten Städte geſchleift und dem Boden gleich gemacht 35). Umſtadt, das der Landgraf Wilhelm belagerte, und die Herrſchaft Ozberg verſchonte er freilich, weil er wahrſcheinlich gleich Anfangs geſonnen war, ſich dieſelbige zuzueignen, ſo wie ſie ihm auch, nebſt Homburg 36) vor der

---

33) Nach der Lebensbeſchreibung dieſes Herzogs in der ſo ſeltenen Kalenderarbeit des ſel. Prof. Johannis vom Jahr 1724.

34) Nach dem zweiten Theil von Weſtenrieders Geſchichte von Baiern S. 439.

35) Der Pfalzgraf Friederich 2te, ſagte daher zum Kaiſer Maximilian, der nicht geringen Antheil an dieſem Krieg gegen die Pfalz hatte: Patrem Patriamque Palatinorum magnis cladibus affeciſti, multa Oppida & innumeros Vicos & agres ferro & igni devaſtaſti, miſerum & innocentem Populum gladio & fame perdidiſti. *Leodius* in vita Friderici II. pag. 40.

36) *Tollner* in hiſt. pal. p. 102 ſetzt noch dazu Raub und Odernheim; aber Herr Wenk ſagt S. 622

Höhe, Rheinberg, Schönberg, Stein und Bickenbach, auf dem Reichstag zu Kostniz 1507 von dem Kaiser Maximilan, zum Ersaz seiner Kriegskosten zuerkannt wurden 37). Er behielte auch dieselbige bis auf das Jahr 1521, wo der Bischof Wilhelm von Strasburg, zwischen Kurpfalz und Hessen den bekannten Vergleich vermittelte, Kraft dessen die Herrschaft Ozberg an die Rheinische Pfalz zurück fiel; bei Umstadt aber mit allem dem, was dazu gehörte, zwischen beiden Häusern die unzertheilte Gemeinschaft 38) eingeführet ward, unter der Bedingung, daß

---

not. 2, daß er derselbigen sonst nirgends als einer neuen heßischen Erwerbung erwähnet findet — und daß, wenn die Sache sonst richtig sei, doch die Hessen wohl niemals zum wirklichen Besiz gekommen seyn müßten.

37) Herr Wenk urtheilet S. 622, daß das alles im Grund für die ungeheuren, von dem Landgrafen aufgewandte Kriegskosten, zu deren Bestreitung unter andern eine allgemeine Landessteuer auf Hessen gelegt wurde, kaum ein hinreichender Ersaz gewesen wäre, und das um so mehr, da nicht alles bei Hessen geblieben.

38) Einen Auszug dieses Vergleichs liest man in der hessendarmstädtischen Deduktion unter dem Titel: *Memoriale an die Reichsversammlungen puncto der Religions-Gravaminum in der zwischen Pfalz und Hessen pro indiviso, gemeinschaftlichen Stadt, Amt und Zent Umstadt. 1720 Beilage L. A.*

der Graf Philipp von Hanau wegen seiner vormals gehabten Hälfte, von beiden Theilen zufrieden gestellt werden müßte 39).

e, Unter Kurpfalz und Hessendarmstadt insbesondere.

Ueberhaupt war das pfälzische Haus bei dem Besiz dieser Gemeinschaft nicht am glücklichsten. Der Landgraf von Hessendarmstadt Ludwig nahm zwar in dem 30 jährigen Krieg die pfälzische Hälfte von Umstadt in seinen Schuz; es kann auch seyn, wie Herr Widder behauptet, daß es auf Bitte der Unterthanen, und mit Bewilligung des unglücklichen Böhmischen Königs geschehen; aber wie bald wußte er sich dieses Schu-

---

39) Dieses geschabe 1523, wo Kurfürst Ludwig und Landgraf Philipp, dem Grafen Philip von Hanau, all sein Recht an Umstadt um 16000 fl. abkauften, und zugleich die zum Amt Babenhausen gehörige Dörfer Herpertshausen, Langstatt, Schlierbach, Schafheim und Kleestatt von der Zentverbidung, in der sie bisher mit Umstatt gestanden, befreiten. Der Landgraf Philipp der Großmüthige, wieß in seinem Testament Umstadt seinen, mit der Margaretha von der Saal, erzeugten Söhnen erblich an; aber es fiel bald an die heßische Häuser wieder zurück, und die heßische Hälfte wurde hernach zwischen Kassel und Darmstadt getheilet, so daß jedes dieser Häuser ein Viertel des Ganzen erhielte. Wenks h. Geschichte S. 626.

ges zu seinem Vortheil zu bedienen, da er auf dem Reichstag zu Regensburg 1623 zur Entschädigung der Drangsalen, die sein eigenes Land damals erlitte, auf den Pfälzischen Antheil von Umstadt und die Herrschaft Ozberg Anspruch machte, und durch die Gunst des Kaisers Ferdinand des zweiten, der freilich alles bewilligte, was das Pfälzische Haus nur kränken konnte, auch beides erhielte; und doch hatte die Pfalz in dem 30 jährigen Krieg noch weit größere Unglücksfälle erdulten müssen! Umstadt selbst wurde völlig verwüstet und entvölkert; das Schloß Ozberg schon im Jahr 1622 von den Baiern mit Sturm eingenommen und erobert 40), und alle dazu gehörige Oerter in ein unbeschreibliches Elend versezet; der Marktflecken Großzimmern, worinnen vor dem Krieg 95 wohlstehende Familien wohnten, zählte in dem Jahr 1636 nur noch 10 arme und bedrängte Haushaltungen, und das Dorf Sembs, in welchem zuvor 64 Familien gewesen, hatte in eben diesem Jahr nur noch 9 davon übrig 41). In dem west-

---

40) Kaisers historischer Schauplaz S. 352 §. 21 wo zugleich gemeldet wird, daß bei dem Sturm die Baiern auch sehr viel Volk eingebüsset haben.
41) Ich besize eine Bevölkerungsliste in der Hand.

des Oberamtes Umstadt. 77

phälischen Frieden wurde beschlossen, daß der Kurfürst Karl Ludwig alle die Länder, die vor dem Krieg zu Kurpfalz gehörten, einiges an der Bergstraße ausgenommen, und also auch die Gemeinschaft Umstadt, mit dem Gesammthaus Hessen wieder in Besiz bekommen sollte; aber wie viele Hindernisse in Rücksicht auf Umstadt sich dabei vorgefunden, zeigen die viele, über mannichfaltige politische sowohl als kirchliche Gerechtsame, von beiden Seiten herausgekommene Deduktionen 43). Wenn man dieselbige liest, so fin-

---

schrift, von den beiden Oberämtern Umstadt und Otzberg, wo das Jahr 1634 mit dem von 1636 verglichen wird, und zwar von der Oberamtsstadt bis auf das kleinste Dörfgen. Der Unterschied ist unbeschreiblich groß, und wäre unbegreiflich, wenn man nicht wüßte, daß zu dem Verderben des Kriegs in diesen Jahren sich auch die Pest gesellet hatte.

42) Kassel gab die Hälfte seines Antheils an Hessen-Rheinfels, das sie aber 1666 gegen den Darmstädtischen Antheil an den Geroldstein schen Lehen in der mindern Grafschaft Kazenelenbogen vertauschte, so wie 1708 auch Kassel seine noch übrige halbe Quart gegen die zum Amt Alsfeld gehörige Orte Holzburg, ein Theil an Hattendorf und die Höfe Krausenberg und Afferode an Hessendarmstadt abtrat. S. Wenks Geschichte S. 626.

43) Die vorzüglichste von diesen Deduktionen werden namentlich angeführet von Finsterwald über

det man, daß manches davon bis auf den heutigen Tag unentschieden, obgleich Kurpfalz und Hessendarmstadt nun allein in Gemeinschaft stehen.

B.
Geschichte des Amtes Habizheim.

Das Amt Habizheim, welches die Herren Fürsten von Löwenstein=Werthheim von Kurpfalz zu Lehen getragen, hat, nach der Geschichte, fast eben so viel sonderbare und abwechselnde Schicksale 44) erlebet, als die Gemeinschaft Umstadt. Es war ursprünglich auch ein Fuldisches Lehen 45), und gehörte als ein altes Stammguth den bekannten Dynasten oder Herren von Bickenbach 46), von welchen es die Schenken

---

das Haus Pfalz. S. 466 und 467 und von Hn. Wenk S. 622—27 in den Noten.

44) Wie es die Hessen in der Baierischen Fehde überfallen, erzählet umständlich Schneider in der Erbachischen Historie S. 327 und f.

45) Der Fuldische Lehenbrief, in den Urkunden zum zweiten Saz, in Schneiders Erb. Historie, vom Jahr 1342 sezet dieses außer allem Zweifel.

46) Deren Geschichte und Genealogie entwickelt vortrefflich Herr Wenk in seiner Geschichte 2 Abschn. §. 20. 4 Abschnitt §. 35 und 55 und 9 Abschn. §. 97.

von Erbach, nach und nach, theils durch Heirathen, theils durch Kauf erworben; 1406 kamen sie wahrscheinlich in dessen vollständigen Besiz 47). Indessen müssen die Durchlauchtigste Pfalzgrafen, auch in den ältern Zeiten, ausser der von Fuld darüber erkauften Lehnbarkeit, schon einigen Antheil daran gehabt haben, obgleich die Geschichtschreiber noch nicht über die Art und Weise einig, wie sie denselbigen an sich gebracht haben. Herr Wenk vermuthet 48), daß Kurpfalz diesen Antheil von Habizheim, von der Abtei Fuld erkauft, und diese zuvor entweder durch Kauf oder Lehensöfnung dazu gekommen sei. Herr Widder aber behauptet 49), daß der Pfalzgraf Ruprecht der zweite, im Jahr 1397 schon einen Hof zu Habizheim, mit

---

47) Diether II von Bickenbach, der nach einer Urkunde in Schneiders Erb. Historie. Beil. S. 43 im J. 1406 den Habizheimer Burgfrieden beschwur — war zugleich der, welcher nach des Hn. Wenks Vermuthung, den lezten Bickenbachischen Antheil an Erbach veräusserte. Siehe dessen Geschichte Seit. 445 not. n.

48) Siehe dessen Geschichte S. 627 not. q.

49) Pfälz. Geographie 2 Band S. 31, wo mag aber das Patronatrecht zu der Zeit hergekommen seyn, da die Kaplanei in Habizheim erst 1410 gestiftet wurde? S. Scheiders Erb. Historie 3 Saz S. 327.

dem grosen und kleinen Zehnten, und dem Patronatrecht, von dem Kloster Höchst erkauft habe; ja, eben dieser Pfalzgraf habe in dem darauf folgenden Jahr 1398 von dem Johann von **Bickenbach**, dessen Antheil von Habizheim gleichfalls gekaufet: aber das Pfälzische Recht, auf einen Theil dieser Burg, und dessen was dazu gehörte, ist doch wohl älter, und stammt schon von dem Pfalzgraf Ruprecht dem ältesten her, indem derselbige, den Antheil von Habizheim, welchen der Graf Johann von **Werthheim** von seiner Gemahlin, einer gebohrnen Gräfin von Reineck 50) ererbte, im Jahr 1373. 51)

käuflich

---

50) Nach der schönen Stammtafel in Herrn **Wenks** Geschichte 1 B. S. 428.

51) In der Urkunde selbst, wovon ich nur einen Auszug besitze, heißt es: unsern Theil an der Veste Habelsheim und unsern Theil an dem Dorf zu Zimmern, und was zu derselben unsern Theilen gehöret. Herr Wenk sagt zwar am angef. Ort S. 446 not. u. daß der Wertheimische oder ursprünglich Reineckische Theil am Schloß Habizheim an Schenken von Erbach verkauft worden: er zeigt aber die Quellen nicht an, woraus er hier geschöpfet, und der Wertheimische Verkauf an Kurpfalz muß ihm also unbekannt gewesen seyn. In den Actis compromissi heißt es von demselbigen: *Robertus I. acquirit 1370 a Johanne de Werthheim*

des Oberamtes Umstadt.

käuflich an sich brachte, und also mit seinem Kurhaus vereinigte; freilich bliebe das leztere nicht lange in dessen Besiz, weil der Römische König und Pfalzgraf Ruprecht der dritte, im Jahr 1404 alles das, was ihm an dem Schloß zu Habizheim und den dazu gehörigen Dörfern gehörte, dem Schenk Eberhard von Erbach um 6739 Gulden überließ, und dieser von der Zeit an auf dieser alten Burg auch seine eigene Burgmanne, Edel — und reisige Knechte, nebst Thurmleuten hielte, welche er als seine Vasallen mit dem Schuz- und Schirmrecht lebenslänglich belehnte — wie einige ganz unstrittige Urkunden 52) dieses außer allen Zweifel sezen. Ich verweile mich daher auch nicht länger, sondern will nur, um den Faden der Geschichte zu ergänzen, noch kürzlich melden, wie das Haus Löwenstein-Wertheim zu dem Besiz dieses Amtes gekommen, weil ich finde, daß nicht allein Schneider in seiner Erbachischen Geschichte, sondern auch die beide

---

heim pagum Habizheim. So unrichtig hier das Jahr angegeben ist, und so wenig sich der Verkauf auch auf das ganze Dorf erstreckt, so sehr wird doch der Verkauf selbst dadurch bestätiget.

52) Siehe die Urkunden in Schneiders Erb. Historie, Num. 74 und 79 S. 122 und 126.

würdige Männer, Wenk und Widder dieses nicht umständlich genug entwickelt, und leztere wahrscheinlich, nach ihrem Plan, auch nicht entwickeln wollten. Doch hier mögen die Urkunden 53) selbst reden.

„ Im Jahr 1473 verkaufft Schenk Hans von Erbach 54) Simon von Basthofen 55) Rit-

---

53) Ich habe dieselbige aus der Verlassenschaft eines würdigen pfälzischen Gelehrten erhalten. Einige davon enthalten nur einen Auszug aus den Urkunden; andere aber sind in einer getreuen Abschrift ganz vollständig — und von den lezteren findet man in dem Anhang zu dieser Vorlesung vier, die noch ungedruckt sind. Die übrigen stehen schon in Schneiders und Wenks Werken.

54) Siehe dessen kurze Lebensbeschreibung in Schneiders Erb. Historie. S. 145—147 Num. 8 §. 1—7.

55) So wird dessen Name auch geschrieben in dem bekannten Stemmate Leosteniano. Francof. 1624, 4 §. 2, wo bemerket wird, daß der Kurfürst Friedrich 1 ihn mit zum Vormünder über seinen Sohn, Ludwig von Baiern gesezt habe: in andern Druckschriften aber heißt er meistentheils Simon von Balshofen. Herr Widder sezet ihn B. I. S. 83 als Vogt von Heidelberg auf das Jahr 1462, und nach Kremers Geschichte Friedrich 1 S. 535 bekleidete er diese Würde noch 1472. Er war überhaupt ein, unter der Regierung dieses großen Kurfürsten, merkwürdiger Mann, der bei allen wichtigen Auftritten, nach der Geschichte, zum Vorschein kömmt, und nicht allein bei

tern und Vogten zu Heidelberg 120 Rheinische Gulden Goldts uff Habizheimb, dem Schloß, Dorf und anderen dazu gehörigen Flecken, zue einer jährlichen Gülte uff Wiederablösung, die er mit 2400 Gulden zu thun Macht haben solle 56).„

„Im Jahr 1480 ybergibt und verkaufft Simon von Basthofen dieß seine jährliche Gülte uff Habizheimb, mit Pfalzgraf Philipps Churfürsten Verwilligung, Ludwigen von Baiern 57) Herrn zu Scharpfeneck vnd allen seinen Erben, und allen seinen Erbnehmen für 2400 Gulden unwiderrueflich 58).„

politischen Berathschlagungen, sondern auch im Feld gebraucht wurde, wie z. B. in der Schlacht bei Seckenheim und bei der Eroberung des damaligen Veldenzischen Schlosses Strahlenburg und der darunter gelegenen Stadt Schriesheim auf der Bergstrasse, wo er selbst das Kommando führte. Kremer ebend. S. 433.

56) Nach einer Urkunde, die ich bloß im Auszug besitze.

57) Der Stammvater des jezt noch blühenden Fürstlich- und Gräflich-Löwenstein-Wertheimischen Hauses. Siehe Kremers Geschichte Friedr. I, S. 541 und das obenangeführte Stemma Leostenianum §. 2 wo kürzlich dessen Leben beschrieben wird. In der Baierischen Fehde stritt er für den Pfalzgraf Ruprecht den Jüngern, und unternahm in der Folge noch verschiedene Feldzüge. Er starb den 28ten Merz 1524.

58) Auch diese Urkunde besitze nur im Auszug.

„Im Jahr 1482 vergleicht sich mit Verwilligung Pfalzgraf Philipp Churfürsten Schenkh Hannß von Erpach 59) uff ein, und Ludwig von Bayern Herr zu Scharpfeneckh uff der andern Seiten, daß Ludwig von Bayern die Losung zu Habizheim der verpfändten Theile Pfalz zuständig thun und daß innehmen soll mit aller Gerechtigkeit, Obrigkeit und Eigenschaft die Pfalz da hat 60).„

„Im Jahr 1528 verwilligte Pfalzgraf Ludwig Churfürst, daß Schenkh Valentin Herr zu Erpach 61) seinen Theil zue Habizheimb an dem Schloß und Dorff samt allen seinen Zue- und Eingehörungen, wie seine Vorältern und er deß innen gehabt, und von der Churfürstlichen Pfalz zue rechtem Fuldischen Lehen empfangen, Graf Friederich zu Lewenstein 62) verkhauffen mö-

---

59) Siehe Schneiders Erb. Historie am angef. Ort §. 5, wo auch dieser Loosung namentlich gedacht wird.
60) Auch von dieser Urkunde besize nur einen Auszug.
61) Er war auch Burggraf zu Alzei, und von ihm handelt Schneider am angef. Ort Num. 91 S. 159, und gedenket auch dieses Verkaufs §. 2.
62) Von den 12 Kindern, die Ludwig von seiner Gemahlin erzeuget, der Geburt nach das 11te. Friederich kam auf die Welt 1502, und starb den 3ten Februar 1541. Seine Gemahlin war

ge, doch daß er vnd seine Erben fürter solcher Lehen gleichergestalt von der Churpfalz tragen vnd empfhahen solle 63). „

„ Im Gefolg dessen verkhaufft Schenkh Vältin Herr zu Erpach, Graf Friedrichen zu Lewenstein umb 6000 Gulden in Goldt seinen Thail an dem Schloß Habizheimb mit allen Zugehörung sampt dessen Thail an den Dörffern Habizheimb, Spachbrükhen, Zillart vnd den Hof zu Umbstatt mit allen Obrig= und Herrlichkeiten, Vogteyen, Gerichten, Rechten, Verbotten, Freueln, Bueßen, Haupt= und Herdrechten, Atzungen, Frohndiensten ꝛc. 64) „

---

eine Baronesse von Königsbck, welche 5 Kinder hatte. Siehe das oben angeführte Stemma Leost. §. 2 n. XI.

63) Die ganze Urkunde befindet sich in der Beilage unter dem Buchstaben A.

64) Die ganze Urkunde befindet sich in der Beilage unter dem Buchstaben B. Herr Widder behauptet B. II. S. 31, daß Valentin Schenk von Erbach seinen Theil an Habizheim nicht nur an diesen Gr. Friedrich von Löwenstein, sondern zugleich an den Philipp von Hanau verkauft habe. Er ist wahrscheinlich darinnen dem Erbachischen Geschichtschreiber Schneider gefolgt, der S. 327 das nemliche sagt, aber bei dem Leben dieses Schenk Valentins S. 159 doch nur des einseitigen Verkaufs an Löwenstein erwähnet. In der Urkunde selbst wird auch des Grafen von Hanau mit keinem Wort gedacht.

„Im Jahr 1529 verzichtet Churfürst Ludwig auf die Wiederlösung der Pfandschaft an Habizheim und Zugehörung dergestallt, daß gegen rückgelassene 400 Gulden Dienstgelder und 200 Gulden, so von der Pfalz erblich verschrieben gewesen, Graf Friedrich von Lewenstein und seinen Leibs-Mannserben in absteigender Linie diese Pfandschaft Ihr aller Lebenlang nicht abgelebigt werden solle 65)."

„Im Jahr 1530 verkhaufft Schenkh Eberhard Herr zu Erpach 66) Graf Friedrichen

---

65) Siehe die Urkunde in der Beilage unter dem Buchstaben C.

66) Der erste Graf von Erbach. Er wurde von Karl dem 5ten zu dieser Würde erhoben im J. 1532, wobei aber die Kurpfälzische Lehensgerechtigkeit über das Erbachische ausdrücklich vorbehalten wurde, nach der Urkunde in Schneiders Erb. Hist. n. 164 S. 330. Herr Widder nimmt B. 2 S. 32 an, daß die Herren Fürsten von Löwenstein das Amt Habizheim nicht allein von Kurpfalz, sondern auch von Hessendarmstadt wirklich zu Lehen tragen. Das leztere, nemlich die Hessendarmstädtische Lehensgerechtigkeit will man aber Löwensteinischer Seits nicht zugestehen; Man läugnet zwar nicht, daß bei der Baierischen Fehde die Herren von Erbach gezwungen worden, solches von Hessen in Zukunft zu Lehen zu tragen, aber dieses seie in dem Vertrag von 1521 wieder aufgehoben worden, weil man in eben diesem Vertrag, den Grafen Ludwig zu

des Oberamtes Umstadt.

zu Löwenstein dem Friedrichshof zue Habiz=
heimb der vmb das Schloß und Graben gelegen ist,
vmb 450 Gulden, für aigen, wie er von dem
Erzstift Maynz als Probselbisches Lehen geledi=
get worden, samt allen und jeder Gerechtigkeit
und Jurisdiktion der Lehenschaft und Verleyhung
der Pfründe zu Habizheimb 67)."

Urkunden.

A.

Wir Ludwig von Gottes Genaden Pfaltzgraff bey
Rhein, Herzog in Bayern des H. Römischen Reichs
Erztruchseß vnd Churfürst ꝛc. bekhennen vnd thun kundt

Löwenstein, Schenk Eberhard, und Schenk
Velten von Erbach, als Lehenträger des Amtes Habizheim, nebst andern Vasallen wieder
an Pfalzgraf Ludwigen und Herzog Friedrichen
gewiesen habe.

67) Das wenige, was dem Grafen von Erbach,
nach diesen Verkaufsurkunden in dem Amte Habizheim noch an Gütern und Gefällen übrig geblieben, und das, nach der von Herrn Widder
angezogenen Schneid. Erb. Hist. S. 327 im
J. 1664 des Grafen Ludwig von Erbach Wit-
tib erhielte, und es an die Grafen von Schönborn verkaufte — kann wohl in weiter nichts
als in 1/8 Zehnten zu Spachbrücken und in einem Hof zu Habizheim bestanden haben, die das
Gräfliche Haus Schönborn noch besizet. Die
Verkaufsurkunde vom Friedrichshof findet sich in
der Beilage unter dem Buchstaben D.

F 4

offenbar mit diesem Brieff, für Vns und Vnsere Erben daß Wir dem Edlen vnserm Rath vnd Lieben Getrewen Schenkh Valtin Herrn zu Erpach zu Genaben verwilligt und zugelassen haben, vnd thun daßselbig also hiermit in Krafft diß Brieffs des Er vmb seiner mehrern Gelegenheit vnd Nuzs wegen damit zu schaffen, seinen Theil zu Hablzheim an dem Schloß vnd Dorff sampt aller seiner Zu- vnd Inngehörung wie seine Vor-Eltern und Er das bis anher innen genossen vnd gebraucht vnd von vns vnd vnserm Churfürstenthumb der Pfalzgraffschafft bey Rhein zu rechtem Fuldischen Lehen empfangen vnd getragen haben dem Wolgepornen vnserm lieben Getreuen Friederichen Grauen zu Löwenstein vnd Herr zu Scharpfeneck verkhauffen vnd zu Kauff geben möge, doch mit dem Geding daß alsdann der bemelt Graf Friederich von Löwenstein und seine Erben, fürter solche Lehen von vns vnd vnsern Erben empfahen haben und tragen vnd darunen thun sollen wie Schenkh Velten vnd seine Fürältern obgemelt pflichtig und schuldig gewest seyn allerding ohne Gefehrde vnd des zu Vhrkundt haben Wir vnser Insiegel hieran thun henken. Datum Heydelberg vff Freytag nach Vtalricy Anno Domini 1528.

B.

Wir Schenkh Velten Herr zu Erpach bekhennen offentlich mit vnndt in Craft diß Brifs daß Wir mit vnserm selbst vnndt vnnsern guten Freundten gehabten zeitigen Rhat vmb vnser vnndt vnnser Herrschafft beßern Nutz, mehrern Schaden zu verhüten, wissentlich, wolbedacht, freywillig vndt offentlich inn eines steten festen ewigen vnwiderruflichen in geistlichen vndt weltlichen Rechten vndt Gerichten krefftigsten vnd bestendigsten khaufweiß, dem Wolgebornen Friederich Grauen zu Lewenstein vnndt Herrn zu Scharpfeneck vnserm freundlichen lieben Schwager, allen seinen Erben Lehenserben vnd Nachkhommen um Sechs Tausend Gülden gut vndt gerecht ahn Goldt Gewicht vnd Gebrech, der wir von S. L. also genzlich außgericht bezahlt vndt vergnügt S. L. derselbigen 6000 fl. Khaufgeltts hiemit in Crafft diß Brifs frei ledig quittirend, verkhaufft vndt zu Khauff gegeben haben mit Mund, Handt vnd Sicherheit, aller bester Form Maas Weiß vndt Gestalt Wir daß inn oder außerhalb Rechtens thun sollen oder khönnen, für vns vndt alle vnsere Erben Lehens-Erben vndt Nachkhommen, vnser Theil an dem Schloß Habizheim mit aller Zugehörung Benütz Mauren, Heußern, Scheuern sampt vnseren Theil an denen darzu gehörigen Dörffern, Habizheim, Spachbrükhen, Zeilert, und denen Hof zu Vmbstadt mit aller Obrigkheit vnd Herrlichkeit Vogteyen, Gerichten, Rechten, Gebotten, Verbotten, Freueln, Bussen, Haubt vnd Herdrecht, beeten Höfen, Atzungen, Frohndiensten Leibaigen Leutten, Gütern, Renten, Zinsen, Gülten, Leibs-Beeten, Gelt, Korn, Habern, Erbsen, Keesen, Saur-Milch, Seümen, Kappen, Faßnacht vnndt Sommerhünern, mit allen Zu- vnd Inngehörungen, ganz nichts außge-

schaiden, wie wir daß alles vnd jedes besonder bißher besessen, genuzt, genossen, inngehapt, vndt von
der Churfürstlichen Pfalz zu Rechten Fuldischen Lehen getragen vnndt empfangen haben, vnd Graf
Friederich der Khaufer, seine Erben, Lehens Erben
vndt Nachkhommen, hinfüro empfangen, haben vndt
tragen sollen wie daß S. L. dann wir innsonderheit
angedingt vndt alles beschehen mit deß Durchleuch-
tigsten, Hochgebornen Fürsten vnd Herrn Herrn
Ludtwigs Pfalzgrauen bey Rhein, Herzogen in
Bayern des heiligen Römischen Reichs Erz-
Truchseßen vndt Churfürsten ꝛc. vnsers genedig-
sten Herrn gutem Wissen vnd genedig Verwilligung lauth seiner Churf. Durchl. brieflicher Vhrkundt, Wir Graf Friederich anheut dato vbergeben.
Vndt sein diese verkhaufte Güter sonst alle frey, ledig vnuerpflicht, vnuersezt, vnbeschuerd vndt vnuer-
bunden in kheinerley weiß. Darumb so sollen vndt
mögen obgenannter Graff Friederich, alle seine Erben Lehens-Erben obgemelt Schloß und Dörffer, mit
allen besthimten Leuten Zinsen Gülten Gütern, Obrigkheiten, Rechten, Zu- vnd Inngehörungen fürohin
ewiglichen vndt beruhiglichen innhaben besizen, besezen, entsezen, brauchen nuzen nießen, damit handeln schaffen thun vnd lassen nach ihrem Willen vn-
gehindert vnser Erben Lehenßerben, vndt sonst menniglichs, dann Wir vnß für vnßere Erben Lehens-
Erben vnd Nachkhommen, diß alles sampt sonders
verzeihen entsezt, entuehrt. Dargegen genannten

Graf Friederichen den Khaufer und alle S. L. Erben deß allen inn Recht, Redlich, Leiblich nutzlich beseß, Geualt vndt Geuehr samptlich und sonderlich gemeiniglich vnuerscheiden, gesezt, gestellt undt gelassen haben darahn sampt vndt sonderlich ewiglich nimmermehr weder inn- noch auserhalb Rechtens Forderung Anspruch noch Gerechtigkheit zu haben, sondern deßelben zu Becrefftigung vnd Beuestigung haben Wir genannten Graf Friederichen dem Kheuffer wissentlich vbergeben alle Register vnd Schrifften. Und ob von vns oder vnsern Erben vnndt Lehens-Erben oder andern zukhünftigen Zeiten einig Brief Register oder ander Schrifften vber obgemelt verkhaufft Obrigkheit, Zinß Gülten oder Güter samt oder sonders immer erfunden werden, so sollen dieselben benanntem Kheuffer seinen Erben vndt Lehens-Erben zu Ihren Handen vandt Gewalt gegeben vnd vberantwortt werden, auch wir oder vnsere Erben die Lehens-Erben zu kheinem Vortheil Nuz oder Gerechtigkheiten oder Ihnen zu Schaden khommen, darzu so haben wir dem Verkhauffer vor vnß vnd vnsere Erben, Lehens-Erben vnd Nachkhommen, allen denen Leutten, die wir inn vorgeschriebenermaßen verkhaufft, Ihrer Gelübd, Ayden und Pflichten damit sie vnß bißhero verbunden gewesen, ledig vnd genzlich erlassen, auch sie deren frei vnd ledig gezehlt, also daß sie hinfüro gemeltem Käufer seinen Erben vnd Nachkhommen gelobt Hulden schweren gehorsam vndt gewertig seyn sollen, mit Renten Zinsen Gülten, Atzungen Frondiensten vnd allen andern Dienstbarkeiten, wie dann arme Hindersaßen alle Gehorsam zu thun schuldig seyn vndt vns bisher gethan haben. Hierumb so haben Wir obgenannter Schenk Velten, Herr zu Erpach Verkhaufer bey vnsern wahren guten Treuen für vnß alle vnnßere Erben Lehens Erben vndt Nachkhomen versprochen diesen Khauff vndt alleß ahn diesem Brief vor vndt nachgeschrieben, ewig wahr steht, fest vnd vnuerbrüchlich zu halten hieuieder nimmer zu reden, zu khommen noch zu thun oder geschehen durch niemand zu gestatten, ob auch Jhnen an diesen abgeschrieben Rauf Artikuln und Güthern ainig Anspruch mit Recht beschehe, Sollen Wir Schenk Velten als Verkauffer Jhm Graf Friederichen alß Kauffer schuldig seyn, in Recht zu vertretten vndt zu wehren nach Lands Recht und Gewohnheit und wie Wehrschaft Recht ist. Hieruor vnß vnßere Erben Lehens-Erben vndt Nachkhommen nicht schirmen, freyen noch befrieden soll kheinerley Gnadt Freyheit, Tröstung oder Geleidt, sie wären oder würden von Fürsten Römischen Kaysern, Königen oder sonst von geistlichen oder weltlichen Fürsten oder andern Obrigkheiten, woher oder wie die ueren, oder seyn möchten noch auch kein Landfrieden, Bündnuß, Verainigung oder sonst andern Sachen die Jemand khönt oder möcht erdenkhen oder erdacht werden gar nichts außgenommen dann wir vnß für vnß vnd vnßere Erben Lehens-Erben vndt Nachkhommen des alles jedes besonder alß ob daß von Wort zu Wortten hierinn beschrieben we-

re, vndt auch des Rechten gemeiner Verzeihung wi-
derſprechend genzlich vnd gahr verziehen haben vndt
verzeihen unß deß alles jez alsbann vndt damals jez
wiſſentlich vndt in Craft diß Prifs. Deß zu wah-
rem Vhrkundt haben Wir Schenk Velten Herr zu
Erpach als ſelbſt Verkhauffer, Wir Schenk Eberhard Herr zu Erpach als Lehens-Erben vndt ſo viel
es vns berühren mag, Vnß vnndt Vnßer Erben damit zu beſagen vnndt Wir Michel Graue zu Wert-
heim von Pittwegen, doch vns vndt vnßern Erben
ohn Schaden jeder ſein angeporn Inſiegel ahn dieſen Brief thun henkhen, der geben iſt vff Sambſtag
nach Bartholomay Im Jahr als mann nach der Ge-
buhrt Chriſti vnſers Lieben Herrn 1528 zehlet.

C.

Wir Ludwig von Gottes Gnaden Pfalzgraue bey
Rhein, Herzog in Bayern, des heyl. Röm. Reichs
Erztruchſaß und Churfürſt ꝛc. bekennen und thun
kund offenbahr mit dieſem Brief, als der Wohlge-
bohrne Unſer Lieber getreuer Friedrich Graue zu Lewenſtein und Herr zu Scharpfenegg ꝛc. den halben Theil
am Schloß und Dorf Habizheim, mit aller ein- und
Zugehörde ſo jme, nach Abſterben weiland des Wohl-
gebohrnen Ludwigen Grauen zu Lewenſtein ꝛc. ſeines
Vatters ſehl. in jüngſter Brüderlicher Abtheilung zu-
vertheilet worden, von uns und der Pfalz uff Wie-
derloſung vermög eines Pfandt-Briefs, pfandtweis
jnn, hat er uns jezo allhier underthenighlich anzeigen

ersuchen und bitten lassen, also wo wir oder unser Erben von jme oder seinen Leibs-Manns-Erben in absteigender Linien von seinem Leib gebohren, jr aller Lebenslang, oder wer bei jenen leben diese Pfandschaft Habizheim mit gnugsamen Schein brieflicher Urkund von jhme Graff Friedrich oder seinen Leibs-Manns Erben, alsdann wie obsteht jnne hat, solliche Widerlosung des obgemelten halben Theils an Habizheim nit thun, wolt er alsdann uns und unsere Erben dagegen die Zweyhundert Gulden Dienstgelds, jme von uns sein Lebenslang verschrieben weren, auch Vier Hundert Gulden uffkundigsweises Jme vergang. Anno etc. Zwentzig Siben und Zwentzig Acht, erschienen nachlassen; und sich dero mit Herausgebung des Bestallungs Brief gentzlich verzeihen und begeben, darzu ob Er oder seine Erben, die Zeit wir die Losung also nit zu thun hetten, in solchem halben Theil Habizheim ichts verbawen würden sollten Wir oder unsere Erben jme oder seinen Erben zu Zeit der Widerlosung, daßelbig Baugelt, ob ichs verbawen wer, zu entrichten zu vergleichen oder zu erstatten, auch nit schuldig seyn, welches Graue Friedrichs underthenigs Bitten und erbieten wir gnediglichst angenommen, und jnn dieselbig sein angezeigte bergerte Vergleichung bewilligt, gereden und versprechen demnach für Uns und unsere Erben, obgemelte Loosung des halben Theils Habizheimb Graue Friedrichs auch seiner Leibs-Manns-Erben in absteigender Linien von seinem Leib gebohren, oder wer diese Pfandschaft

Habitzheim mit gnugsamen Scheinbrieflicher Urkundt von jme Graue Friedrichen oder seinen Leibs-Manns-Erben in aller Lebenlang jnn hat, nit zu thun noch fürzunehmen, sonder sie oder die Innhaber wie obslaut, die Zeit dabey ruhiglich ohne Zwang pleiben lassen, wo aber gemelter Graue Friedrich oder seine Leibs-Manns-Erben so er die het net mehr zu leben weren, sollen Wir oder unser Erben alsdann die Loosung zu solchem obgemelten halben Theil Habitzheim von allen Innhabern Immassen wir die vor dieser unser Bewilligung zu thun gehabt wiederum vermög des Pfandtbriefs zu thun Macht haben, und uns ober Unsere Erben in alweg zugelassen und gestattet werden, ohn alles Geverde, Zu Urkundt versiegelt mit unserm anhangenden Secret, Datum zu Speyer Montags nach dem Sonntag Cantate Anno &c. fünfzehen Hundert Zwentzig und Neun.

D.

Wir Schenk Eberhart Herr zu Erppach bekennen öffentlich mit vnd in Crafft dies Briefs das Wir mit vnser selbst auch vnser gute Freund Verrath vmb vnser vnd vnser Herrschafft beßers Nuzen willen merern Schaden dadurch zufürkommen wissentlich wohlbedacht frjwillig vnd öffentlich jn eine steten Vesten ewigen vnd vnwiderrufflichen in geistlichen vnd weltlichen Gerichten vnd Rechten auch sonst jn crefftigster vnd bestendigst Kaufs Formweiß vnd gestatte, dem Wohlgepornen Friederichen Grafen zu Lewenstein vnd

Herrn zu Scharpfenneth, vnnserm freündlichen lieben Schwager allen seinen Erben vnd Nachkommen vmb Fünffthalp Hundert Gulden Kaufgelte. je xvj Batzen vnnd 1 Kreuzer für einen Gulden gerechet dere Wir von seiner Lieb allso genzlich außgericht vernuegt und bezallt, sein lieb derselbigen hiemit vnd In Crafft dis Briefs frei ledig quittirende Verkaufft vnd zu Kauf gegeben haben. Mit Mund Hand vnd Sicherheit, mer bester Form, Maß, Weiß und Gestallt so wir das inn oder auserhalp Rechtens thun sollen, khenden vnd mögen für vns vnser Erben vnd Lehens-Erben auch für vnser Nachkommen vnsern Hofe zu Habitzheim genannt der Friederichs Hofe, so mit Hauß Hofe Scheuern Gärtlen Hofraitin vnd anderm Begrif vmbd das Schloß vnd den Graben Habizheim gelegen In zu sampt aller Zu vnd Darein Gehörde Aekern Wießen vnd andern Guetern gepauen vnd vngepauen ertrich wie dan dits bisher Hanß Lippart vnd Margareth sein eheliche Haußfraw der Hoffmann besessen genossen vnd Inngehapt laut vnd Vermög des Bestannt vnd Lehen-Briefs so er darumb Innhat, sampt allen den Rechten Jren Nuzungen vnd Guthen wie wir das alles vnd jedes besonder bisher besessen Inngehapt vnd zu Jglehen genoßen haben. besuchts vnd vnbesuchts nichts daruon außgenommen oder vorbehalten, wie auch der bisher vom Erzstifft Maynz zu Prezfeldisch Lehen herrührt, den doch Wir seiner Liep solcher Lehenschafft gegen gemelten Erzstifft zu Maynz frei ledig vnd aigen gemacht

macht haben, nach laut vnd Vermöge eines Vrkunths- vnd Verwilligung Briefs so Wir von vorgemelten Ertzstifft empfangen vnd Graf Friederich deshalben auf heut dato vberantwurt vnd zu Handen gestelt haben sampt aller vnd jeder vnsern Gerechtigkeiten vnd Jurisdiction mit der Lehenschafft vnd Verleihung der Pfrundt daselbst zu Habitzheim wie wir die bisher zu verleihen gehapt so entsezen Wir für vns vnser Erben vnd Nachkommen vns solcher Gerechtsamy vnd vberzeben die Graf Friederichs seinen Erben vnd Nachkommen die fürhin wenden oder leihen wem sein Lieb will, welcher Hofe auch die Güter darzu vnd darein gehörig sonst sey, ledig vnuerpflicht, vnuersezt, vnbeschwert, vnuerpunden in kheinerley weiß gegen Jemand auch zur Lehenschaft solcher Pfarr Pfrunde. Bißher vnd vff hewtigen Tag khein Interesse Jurisdiction oder Gerechtsame Niemanten gehapt dan Wir darump so sollen vnd megen obgemelter Graf Friederich all sein Erben vndt Nachkhommen den bemelten Hofe mit allem dem Ihenigen (wie oblaut) darzu und darein gehörig samt der Lehenschafft Pfarr=Pfrunde aller zu Habizheim nun fürhin ewiglich vnd beruiglichen Innhaben besitzen entsezen besezen, prauchen nutznieß darmit handeln schaffen thun und Lassen nach Ihrem Willen vnd Gefallen, vnuerhindert vnser vnser Erben Lehens-Erben oder sonst menniglichs, dann Wir für vns vnser Erben Lehens-Erben und Nachkommen vns des alles sampt und sonders verziegen vns des auch also

Vorles. IV B. II Th.　　　G

entsezt vnd entwert haben, dargegen Graf Friederichen den Kaufer seiner Lieb Erben vnd Nachkommen des alles in Recht redlich, leiplich nuzlich besessen Gewalt vnd Gewere samentlich vnd sonderlich gemeinlich vnd vnwerscheidenlich eingesezt vnd zugestelt haben daran samentlich vnd sonderlich izo vnd fürhin ewiglich nimermer weder Inn noch auserhalp Rechtens khein Forderung Anspruch oder Gerechtsamy zu haben, sondern desselben zu Becrefftigung und Beuestigung so haben Wir benanntem Graf Friderich dem Käufer übergeben alle die Register so wir darüber Inngehapt haben vnd ob von vns vnsern Erben Lehens-Erben oder andern zukünftigen Zeiten annoch Brief Register Zedell oder annders darzu oder darunter dienlich immer erfunden wurden so sollen dieselben dem Keufer seinen Erben vnd Nachkommen zu Ihren Handen Gewalt vnd Gewarsamj gestelt werden vns vnsern Erben Lehenserben vnd Nachkommen zu keinem Nuz Vortheil oder Gerechtigkeit noch Ihnen zu einigem Schaden vnd Nachtheil kommen oder reichen darzu haben Wir der Verkauffer den Hofmann so auf solchem verkauften Hof sizt für vns vnsere Erben vnd Lehenß Erben auch für vnser Nachkommen seiner Gelüpd Ayd vnd Pflichten damit er vns bisher verwannt gewesen ledig vnd genzlich erlassen und ihne der frey ledig gezelt, also daß Er (wo Er anderst dem Keuffer annemplich das doch zu seinem Gefallen stet fürhin Ihme Keuffern seinen Erben vnd Nachkommen globen huldigen schweren gehorsam und ge-

wertig seyn solle mit Renten Zinsen Gülten Fronn-
diensten vnd allen andern Dienstparkeiten, wie er vns
bisher schuldig gewesen Ist, hieruff so haben Wir
Schenk Ebert Herr zu Erpach als Verkeüffer bey vnsern waren vnd Guten Wurten für vns vnser Erben
Lehens Erben vnd Nachkommen Versprochen diesen
Kauf vnd alles das in diesem Brief vor vnd nachgeschrieben stet ewig war fest vnd vnuerbrächenlich zu
halten, darwider Niemand zu reden zu thun oder
schaffen durch Jemants andern gethan werden noch
sonst zu geschehn gestatten Ob auch Innen ober kurz
oder lang am Kauff dieses Hofs oder an der Lehenschafft der Pfrundt als obangezeigt einlich Anspruch
mit Recht beschehe, so sollen Wir Schenk Ebert als
Verkeuffer Ine Graffe Friederichen als Keufern schuldig seyn In Recht zu vertretten nach Lands-Recht vnd
Gewohnheit und wie Werschafft recht ist, darvor vns
vnsere Erben Lehens-Erben vnd Nachkommen nit soll
schirmen freyen noch befrieden Cheiner Gnad Freyheit Vestung oder Geleit sie weren oder würden von
Bapsten Römischen Kaysern Königen oder sonst wo
geistlich oder weltlich Fürsten Herrn oder andern
Obrigkeiten wohin oder wie die weren seyn könnten
oder mechten erlangt, noch auch kein Land-Frieden
Pündtnus Vereinigung noch in andern sachen die Jemants kunnth oder mecht erdenken, oder so vor heut
erbacht were gar nichts ausgenommen dann Wir vns
für vns vnser Erben Lehens-Erben vnd Nachkommen
des alles vnd Iden besonders alle ob das von Wor-

ten zu Worten hierin geschrieben wie auch des Rechten gemeiner Verzeihung widersprechende genzlich und gar verziegen haben vnd verzeihen vnd begeben vns des alles jezo alsdann vnd dann als jezo wissentlich mit vnd in Crafft dies Briefs des zu waren Vrkunden haben wir den Verkauff offt genannt für vns vnser Erben Lehens-Erben vnd Nachkommen vns des zu besten vnser angeporn Insiegell offenlich gehangen an den Brief der geben ward Montags nach der hellgen drey Kenig Tag nach der Geburt Jesu Christi vnsers Seligmachers gezehlt Funffzehen Hundert und dreissig Jahr.

Aeltere und neuere Kirchenverfassung.

Wie die ältere christliche Kirchenverfassung vor der Reformation in dem Oberamt Umstadt und den dazu gehörigen Zentorten beschaffen gewesen, lehret uns der würdige Weihbischof zu Worms, Herr Würdtwein, in der durch so viele vortreffliche Urkunden erläuterten Mainzer Diöces 68). In Umstadt war eine Hauptkirche, welche einen Pfarrer, einen Kaplan und vier Altaristen gehabt, und zu der sich daher auch die Dörfer Semdd, Amorbach, Richen, Rey-

---

68) *Wurdtwein* Dioeces. Mogunt. Comment. IV pag: 549 — 653.

bach, Klein Umstadt, Zimmern und Kletstadt (in dem Hanauischen Amte Babenhausen) bei Verrichtung des Gottesdienstes versammelten; sie stunde, nebst noch mehreren in dem Odenwald und dem Maingau gehörigen Aemtern 69) unter den Archidiakonat des Kollegiatstiftes St. Peter und Alexander zu Aschaffenburg, und zwar ins besondere unter dem Landkapitel zu Montat, von welchem hernach der ganzen Gegend der geographische Name, der Muntat beigelegt worden. In Habizheim, welches zuerst nur ein Filial von Lengfeld (in dem Oberamt Ozberg) gewesen, stiftete der Schenk Eberhard der Aeltere von Erbach im Jahr 1412 eine neue Kapelle mit einer ansehnlichen Besoldung, und sezte, nach dem Patronatrecht, das er bei der Stiftung für sich und seine Erben vorbehielte, einen Kaplan, der aber anfänglich dem Pfarrer zu Lengfeld untergeordnet war 70). Spachbrücken war ein Filial von Diepurg, und man hatte

---

69) Außer Umstadt gehörte unter das Mortate Landkapitel, das Amt Lichtenberg, das Hanauische Amt Babenhausen, ein Theil der Grafschaft Erbach und einige umliegende Orte. Nach dem Mainzer Staatskalender von 1775 hat dasselbige nun 19 Pfarreien.
70) Nach der Urkunde in Schneiders Erb. Historia Num. 77 Seite 124.

außer den obengenannten keine besondere Pfarreien in dem ganzen Amte, ausgenommen **Klein-Umstadt**, welches, wie es scheinet, in etwas späteren Zeiten, zu einer eigenen Pfarrei erhoben, und dazu **Bebighausen** und **Raiden** eingepfarret worden 71).

Die **Reformation** wurde übrigens in diesem, wie in den meisten pfälzischen Oberämtern und in einem großen Theil der umliegenden Herrschaften, nach und nach eingeführet. Schon in den schönen Tagen des Kurfürsten von der Pfalz, **Philipp des Aufrichtigen** 72), wo Wissenschaft und Künste wieder aufblüheten, und seines Nachfolger **Ludwigs des Friedfertigen**, war der erste Grund dazu gelegt. Freilich war man dazumalen noch nicht gesonnen ein besonderes kirchliches System zu bilden und eine völlige Trennung fürzunehmen; aber unter der Regierung **Friedrichs des zweiten** erfolgten Auftritte genug, welche zu erkennen gaben, daß man jezt desto

---

71) *Würdtwein* loc. cit. Comment. IV pag. 553.
72) Zu der Reformation bereiteten unter **Philipp dem Aufrichtigen** vor: **Wessel, R. Agrikola, Wimpfeling** und **Reuchlin**; und unter **Ludewig** waren schon eigentliche Reformatoren **Brenz** und **Bellican**. Siehe Struvs pfälz. Kirchengeschichte Kapitel 1 und 2.

ernstlicher daran dachte; in Umstadt überreichte wenigstens ein Prediger, Namens Johannes Münster, unter dem 13ten April 1554 diesem Kurfürsten eine Bittschrift, worinnen er sehr dringend darum anstunde, ihm entweder zu erlauben, nach Art der Reformatoren sein Amt zu versehen, oder ihn seines Dienstes zu entlassen. Ob ihm seine Bitte gewähret worden, kann ich nicht bestimmt melden; aber so viel ist gewiß, daß es in der ganzen Pfalz Männer genug gegeben, welche eines gleichen Sinnes gewesen, und darüber wohl ihre Meinung auch schriftlich äußerten 73). In dem Amte Habizheim sezte selbst das Löwensteinische Amt 1548 schon einen protestantischen Prediger nach Groszimmern, ob man gleich von Seiten des Kellegiatstiftes St. Peter und Alexander zu Aschaffenburg sich sehr dagegen sezte, und es ist höchst wahrscheinlich, daß diese und mehrere Auftritte von der Art eben dieses Stift zu dem Entschluß gebracht haben, das Patronatrecht über die Kirchen in dem Amt Umstadt nebst den Gefällen in dem Jahr 1560 an den Grafen von Hanau um 7000 Gulden zu verkauffen, der es bald darauf 1562 dem Kurfürsten von der Pfalz

---

73) S. Struv. ebend. Kap. 3 §. 3.

Friederich dem Dritten, überließ 74). Unter diesem Kurfürsten, der bekanntlich mit einem sehr warmen Eifer der sogenannten Schweizerischen oder Oberländischen Konfeßion zugethan war, wurde die reformirte Religion eingeführt, und er fande bei diesem Unternehmen keine oder wenig Hinderniße, weil er durch das so eben erwähnte Patronatrecht ohnehin dazu berechtiget war, und zu der Zeit auch die Heßische Hälfte von Umstadt pfandweiß im Besiz gehabt. Die Unterthanen folgten, wie es scheinet, auch gerne seinem Willen, indem man in der Superintendentur Umstadt und Ozberg sieben reformirte Prediger anstellte, die nach dem Verhältniß der Ortschaften gegen einander auch ansehnliche blühende Gemeinden unter sich gehabt, und so lange er regierte, die erwünschteste Religions- und Gewissensfreiheit genossen. Zu den Zeiten seines Sohnes, Ludwigs des 6ten, ward zwar diese Ruhe in etwas zerstöret 75), aber doch bald, nem-

---

74) Nach den Umstädter reformirten Kirchenakten
75) Siehe den Anhang zu dem gesäuberten Wahrheits Spiegel von Schlosser und Debus, wo die sieben evangelisch lutherische Prediger, die unter dem Ludwig dem 6ten in dem Oberamte Umstadt und Ozberg angestellet worden, namentlich angeführet werden. Ihre Stellen waren zuvor mit Reformirten besezet.

lich nach dessen 1583 erfolgten Tod wieder hergestellet: denn Kasimir, der Administrator, führte hier sowohl, als in der ganzen Pfalz, nach dem von seinem Vater angenommenen Glaubensbekenntniß die reformirte Religionsübung 76) wieder ein, und diese breitete sich unter den reformirten Kurfürsten Friederich dem 4ten 77) und dem 5ten immer mehr aus, bis auf das Jahr 1622, wo der Landgraf von Hessen-Darmstadt, Ludwig der 5te, unter der Begünstigung der traurigen Lage des 30jährigen Krieges, die beide Aemter Umstadt und Ozberg überfiel, dieselbige unter seine Herrschaft zog, und dessen

---

76) Man muß nicht glauben, daß Kasimir alle lutherische Prediger bei dem Antritte seiner Regierung in dem Lande entsezet; denn da nach dem Ausdruck eines großen lutherischen Gottesgelehrten, viele Schüler Melanchtons darunter gewesen, die über Nacht in Gefahr stunden, Zwinglisch zu werden, so behielten auch viele ihre Stellen bei, wie L. G Mieg im ausführlichen Bericht von der Reformation in der Pfalz S. 106 aus den Kirchenraths Protokollen unwidersprechlich bewiesen hat.

77) Unter Friederich dem 4ten waren 418 reformirte Prediger in der Unterpfalz. In der eigentlichen Rheinischen Pfalz waren gar keine lutherische Prediger — doch stunden bei dem Anfang des Böhmischen Krieges 24 unter dem Kirchenrath, nemlich von den vogteilichen Orten, besonders in dem Oberamte Heidelberg.

Sohn, Georg II, im Jahr 1627 alle reformirte Prediger absezte, und ihre Bedienungen mit Evangelisch-Lutherischen besezte. Es ist bekannt wie viele Unruhen dieser Schritt in Deutschland verursachet — wie bei nahe ein öffentlicher Krieg darüber ausgebrochen wäre 78), und wie viel es gekostet, bis nur einige reformirte Prediger wieder angestellt, und unter der Vermittelung des Kurfürstlich-Brandenburgischen Hauses im Jahr 1693 nach dem zu Weinheim an der Bergstrasse errichteten Interims-Vergleich, das Simultaneum zwischen den beiden protestantischen Religions-Verwandten in dem ganzen Amte Umstadt so fest gesezt wurde, wie es nun noch gebräuchlich und eingeführet ist. In dem Jahr 1720 erneuerten sich diese unselige Strittigkeiten, und die Erbitterung, welche sie zwischen beiden dabei interessirenden Theilen erregte, war nicht gering; doch ich eile über die Geschichte dieser traurigen Tage hinweg, und freue mich, daß ich mich Zeiten nähern kann, wo man, dem Himmel sei es gedankt, wenigstens über Lehrsäze und Meinungen einander nicht mehr haßt und verfolgt. Jezt ist das Verhältniß der verschie-

---

78) Siehe Finsterwald vom Hause Pfalz. S. 466.

denen Religionsverwandten gegen einander auf folgende Art beschaffen: Die Lutheraner haben ohne Zweifel in dem Amt sowohl als in den Zent-Orten die größte und blühendste Gemeinden: in Umstadt zwei Prediger, wovon der erste zugleich Inspektor in dem benachbarten Darmstädtischen Orte Schafheim. Er muß mit seinem Amtsgenossen alle zu dem eigentlichen Amte Umstadt gehörige Oerter bedienen, und bei der Verrichtung des Gottesdienstes, in der Stadt sowohl als auf dem Land, mit den Reformirten in den gemeinschäftlichen Kirchen abwechseln. In dem Amte Habizheim, zu Groszimmern und Spachbrücken sind aber besondere Prediger dieses Glaubensbekenntnisses, wovon der erstere von Hessen-Darmstadt, und der andere von Löwenstein-Wertheim angestellet wird, und in dem Marktflecken Brennsbach ist die Religionsübung nach der Augspurgischen Konfeßion auch allein eingeführet. Die Reformitten haben nur zwei Prediger in Umstadt 79), wovon der erstere Inspek-

---

79) Ich habe diesen beiden würdigen Männern, dem Herrn Inspektor Hofeman und dem Herrn Pfarrer Braun viele Beiträge zu dieser Vorlesung, besonders in Rücksicht auf die jezige Landwirthschaftliche Verfassung des Oberamtes Umstadt zu verdanken.

tor der Klasse, dem zugleich die Aufsicht über die reformirte Gemeinden in dem Pfälzischen Oberamt Ozberg anvertrauet ist, und dessen Filialen sind: **Klein-Umstadt, Riechen, Amorbach und Reybach**; zu dem Dienst des zweiten Predigers hingegen gehöret Sembd und Groszimmern. Die Katholicken haben in dem eigentlichen Amt Umstadt erst die freie Religionsübung seit 1701; denn in diesem Jahr brachte der von Kurpfalz nach Umstadt gesezte erste katholische Beamte einen Kaplan mit, der in der Schloßkapelle den Gottesdienst seiner Kirche einführte. Man hat seine Stelle hernach zu einer ordentlichen Pfarrei erhoben, die jezt zu dem Mainzer Landkapitel Montat gehöret. Indessen waren seine Amtsverrichtungen lange sehr eingeschränkt, und man wollte ihm von Seite des Hauses Hessen-Darmstadt keine Parochial-Handlungen erlauben 80), wie z. B. die Taufe und eheliche

---

80) In der bekannten periodischen Schrift, das graue Ungeheuer vom Jahr 1788 stehet eine sehr auffallende Geschichte, welche der Verfasser als Beweiß der noch herrschenden Intoleranz bei den Hessen-Darmstädtischen Herren Beamten anführet. Ich weiß nicht, ob sie gegründet oder nicht: aber die Bemerkung, die mir ein einsichtsvoller Geistlicher der katholischen Kirche darüber gemacht hat, scheinet mir so richtig, daß

Einsegnung. Jezt ist man aber etwas nachgiebiger, ausgenommen bei der Beerdigung der katholischen Unterthanen, welche wirklich noch wechselsweise durch die Evangelisch-Lutherische und reformirte Prediger verrichtet wird; übrigens aber halten sich zu seinem Kirchendienst in Umstadt alle in dem Amte wohnende Katholicken; In Groszimmern hingegen ist seit 1704 ein besonderer katholischer Prediger, und in Habizheim ist in der Schloßkapelle seit dem westphälischen Frieden der katholische Gottesdienst auch eingeführet 81). Mennonisten, welche in den übrigen Theilen

---

ich sie dem Leser mittheilen will: Oft schreibt man, sagt er, der Intoleranz zu, was doch nur eine Frucht der Politik ist. Man sucht sich durch solche Handlungen nur bei Gerechtsamen zu schätzen, von denen man wohl weiß, daß man sie nur mit Gewalt an sich gezogen hat, und kann es um so mehr thun, weil die Unterthanen, die zum größten Theil Evangelisch-Lutherisch, diese Unternehmungen den Herren Beamten selbst erleichtern und sie billigen, wenn diese wissen die Religion dabei ins Interesse zu ziehen.

81) Die Habizheimer Schloßkapelle ist nicht, wie Herr Widder S. 32 meldet, diejenige, welche Schenk Eberhard 1412 gestiftet hat, sondern das ist vielmehr die dermalige lutherische Kirche in dem Ort; jene ist viel jünger, und, wie ich auch in dem Text gemeldet habe, erst nach dem westphälischen Frieden zu diesem besonderem Gebrauch errichtet worden.

der Pfalz, so vieles zur verbesserten Landwirthschaft von jeher beigetragen, befinden sich weder in dem Amt noch in den Zentorten, und die wenige Juden, welche vorhanden, sind zum größten Theil arm und in bedürftigen Umständen.

Aeltere und neuere weltliche Dienerschaft.

Die weltliche Dienerschaft 82), welche dem Oberamt vorstehet, wird theils von beiden hohen Herrschaften ins besondere, theils aber auch gemeinschaftlich angestellt. Nachdem zu Ende des vorigen Jahrhunderts die adeliche Amtmänner 83), welche das Kurhaus Pfalz über die beide Aemter, Ozberg und Umstadt gesezet, die Erlaubniß erhalten, ihre Stellen nicht mehr in eigener Person zu versehen, wie nunmehr die sämtliche Oberamtmänner in unserm Vaterlande; so wurde ein Oberamtsverweser angenommen, der seit dieser Zeit auch in der Oberamtsstadt

---

82) Von der Gerichtsverfassung in dem alten Maingau zu den ältesten Zeiten, und dem Ursprung der heutigen Zenten in dieser Gegend — Siehe Herrn Wenks Heßische Geschichte 1 Theil S. 77 u. f. §. 10.

83) Herr Widder hat dieselbige, nach seinem unermüdeten Fleiß zum Theil aus alten Urkunden bekannt gemacht 2 Th. S. 3 und 4.

wohnet, und nebst dem Oberamtsschreiber, Ober-
einnehmer und Forstmeister die nemliche Bedie-
nung in dem benachbarten Oberamt Ozberg bekleidet; die Gefälle der geistlichen Administration,
woraus katholische und reformirte Prediger und
Schuldiener besoldet werden, verwaltet aber ein
von Kurpfalz dazu bestellter Kollektor. Hessen-
Darmstadt hat hingegen gleichfalls einen Oberamtsverweser, der, wie der pfälzische den Titel
eines Regierungsraths führet, einen Amtsschrei-
ber und Rentmeister, die in Umstadt wohnen,
und einen Forstmeister, der seine Behausung zu
Riechen, so wie der pfälzische zu Lengfeld, hat.
Gemeinschaftliche Bedienten sind: Der Amts-
physicus, Stadtschultheiß 84), Stadtschreiber
und Rentmeister — und in Habizheim hat der
Herr Fürst von Löwenstein-Wertheim einen besondern Beamten. Doch es ist Zeit, daß ich
mich nun zu der nähern Ortsbeschreibung wende.

---

84) Die Stadtschultheisserei ist jezt auch secundum
Turnum von Kurpfalz besezet — obgleich die
Stelle in Umstadt noch offen stehet. In dem
pfälzischen Staats-Kalender von 1788 stehet auch,
daß die Stadtschreibers- und Zollverwaltersstel-
le noch unbesezt sei. Hessen-Darmstadt fordert
gewiß, daß der Stadtschultheiß der Evangelisch-
Lutherischen Religion zugethan seyn soll. Der
von Kurpfalz dazu bestellte ist aber reformirt.

II.
Von dem gemeinschaftlichen Oberamt Umstadt ins besondere.

A.
Das Amt Umstadt an und für sich selbst.

a) Umstadt, die gemeinschaftliche Oberamtsstadt auf dem gewöhnlichen alten und oben beschriebenen Weg 14 Stunden von Mannheim und 4 von Darmstadt entfernet, ist von mittelmäsiger Größe, hat aber, weil sie nicht der Länge, sondern der Runde nach angebauet worden, eine breite Haupt- und geräumige Nebenstraßen, und liegt in einer überaus schönen Ebene; doch erheben sich vor dem einen Thor gegen Morgen schon die kleine sanfte Hügel, welche zum Theil mit Weinbergen angepflanzet sind, und darauf immer größere jedoch auch fruchtbarere Berge folgen, bis zu dem hohen Gebirge, das gegen Ost und Süd-Ost in seinem Bezirk die bürgerliche Waldungen enthält, wohl über anderthalb Stunden Wegs sich erstreckt, und in seiner reizenden Lage gleichsam das herrlichste Amphitheater bildet. Man hat wenigstens von demselbigen die vortrefflichste Aussicht — Unten in dem

dem Grunde die Stadt, die ganz mit Obst-Gemüß- und Graßgärten umgeben ist, und mit ihrem Feldmark gegen Norden und Westen an die unabsehbare Ebene gränzet, welche lauter fruchtbare Felder, nebst einen reichen Wechsel von wohlbevölkerten Dörfern in sich enthält — bis an die entfernten Main- und Rheingebürge sich hinzieht, und hier gewiß, so wie in irgend einer Gegend von Deutschland, die gute Mutter Natur ganz in ihrem Feierkleide darstellt. Durch das Gebiete der Stadt fließen die viele kleine Gewässer, welche Herr Widder sehr genau beschrieben hat; sie sind für die Gegend sehr wohlthätig, indem sie in einem kleinen Bezirk 8 Mahl- 2 Loh- und 1 Schleifmühle treiben, und also den Handel mit Weißmehl, der hier im größten Flor ist, nicht wenig befördern, und nehmen zulezt ihren Lauf, nachdem sie sich gesammlet, in den Main, der vier Stunden von Umstadt, gegen Ost und Norden, am nächsten hinströmt. Zeiler 85) hat die Stadt in seiner Topographie auf einem Kupferstich dargestellet, der ganz artig ist, und ihre Lage, so wie ihre Beschaffenheit während dem 30 jährigen Krieg zu erkennen giebt; wenigstens

---

85) Topographia Palatinatus p. 91.

fallen die alte Thürme, welche damals theils in der Stadt, theils auf der Stadtmauer 86) gestanden, nebst der Kirche und einigen andern hohen und ansehnlichen Gebäuden, gut in die Augen; sie war vor Zeiten, wie die meisten Landstädte in der Rheinischen Pfalz und der umliegenden Gegend vest, und wenn man dieses auch nicht aus der Geschichte wüßte 87), so könnte und müßte man es doch aus der besondern Lage schliessen, die sie wirklich noch hat; denn von allen Seiten her muß man über einige Brücken, wenn man in die Stadt will, und vor den drei Thoren finden sich solche Brücken — dazu ist die eigentliche Stadt auch auf die nemliche Art von der Vorstadt abgesondert 88), und es befinden

---

86) Einer von der Stadtmauer ist schon vor 30 Jahren abgetragen worden.

87) In der Baierischen Fehde wurde Umstadt von dem Landgraf Wilhelm belagert. Widder 2 B. S. 17.

88) Ueber diesem Thor stehet der hohe Thurm, der sich auf dem zeilerischen Kupferstich am besten auszeichnet; der Thürmer wohnet darauf, und die Aussicht von demselbigen in das ebene Land ist gar schön. In späteren Zeiten ist vor dem Hauptthor, das aus der Stadt den Weg nach Frankfurth, Hanau und Aschaffenburg öffnet, eine neue Vorstadt angelegt worden, deren Ende mit einem Gatterthor versehen ist.

sich überhaupt hier sieben steinerne und eine hölzerne Brücke 89), die meist über den alten Wall sich hinziehen, und von den Alten, eben der Vestung wegen, sind angelegt worden. Die Einwohner sind, ohne einige Judenfamilien und Hintersassen mitzurechnen, etwas über 300 Mann an der Bürgerschaft stark, und darunter sind einige sehr begütert, andere wohlhabend, viele aber auch arm; doch können die leztere, wenn sie anders gesund sind, und arbeiten wollen, sich ihren Lebens-Unterhalt zur Nothdurft leicht verschaffen; denn wie viele Taglöhner braucht nicht eine Stadt, die einen so großen Feldmark besizet? von den besondern Freiheiten und Vorrechten der Einwohner, im Verhältniß gegen die Unterthanen, welche in den Ländern beider Herrschaften wohnen, die nicht gemeinschaftlich sind, will ich nun nicht einmal etwas erwähnen. Der Zehnten in der Umstadter Gemarkung ist aber nicht, wie Herr Widder annimmt, zwischen beiden hohen Herrschaften gemein; sondern Hessen-Darmstadt besizet davon nur zwei, Kurpfalz ein, und Löwenstein, als pfälzisches Lehen, auch nur ein Viertel; die pfälzische geistliche Administration beziehet

---

89) Diese geht hinter der Stadt gegen Süden über die Bach, und wird die Schaafbrücke genannt.

aber denselbigen von verschiedenen ansehnlichen Feldgewandten allein; der sogenannte Neurott wird nur von den beiden Herrschaften gemeinschaftlich eingenommen, und an dem Weinzehnten haben die Herren von Wambold einen geringen Antheil.

Unter die vorzüglichsten Gebäude in der Stadt rechne ich folgende:

Die Kirche auf dem Markt, als die einzige eigentliche Kirche in der Stadt. Sie stehet den beiden protestantischen Gemeinden gemeinschaftlich zu, ist von alter Gothischer Bauart, groß, rings umher mit schönen Pfeilern umgeben, durchaus mit Schiefer bedeckt, und verschönert in der That den Plaz, darauf sie stehet. Es ist nur zu bedauern, daß das Innere dem Aeussern nicht entspricht, und man zu wenig darauf bedacht ist, sie auch da in etwas auszuschmücken. Ihre Töchter sind die Kirchen zu Amorbach, Riechen und Reybach, wo, wie in der Mutterkirche, Sontags, die Lutheraner und Reformirten, mit dem Früh- und Nachmittags-Gottesdienst unter einander abwechseln.

Das pfälzische Amthaus oder sogenanntes Schloß ist ein altes aber recht dauerhaftes Gebäude, auch mit Schiefer bedeckt, und hat vier

Thürmgen, davon das eine über der Kapelle stehet, darinnen der katholische Gottesdienst gehalten wird. Es wird behauptet, wie Herr Widder bemerket, daß es ursprünglich ein Probsteihaus des Stiftes Fulde gewesen sei; nach der Nachricht, die man mir ertheilet, hat vor der Reformation eine Raugräfin darinnen gewohnt, die den kleinen Zehnten auf dem städtischen Gebiete und einen schönen Walddistrikt besessen, beide aber vor ihrem Tod der Bürgerschaft vermacht haben soll, unter der Bedingung, daß dafür täglich, morgens am 10 Uhr, auf dem Kirchthurm mit allen Glocken geläutet werde, und ein jeder Einwohner dabei sein Gebet verrichte — dieses Geläute ist noch im Gebrauch, so wie auch die Gemeinde von dem kleinen Zehnten befreiet ist; ob aber der Ursprung davon herzuleiten, will und kann ich nicht entscheiden.

Das Darmstädtische Amthaus oder sogenanntes Schloß. Es liegt am Ende der Stadt gegen Norden, und ist zum Theil auf die Stadtmauer gebauet, und auf dem zeilerischen Kupferstich kann man gar deutlich sehen, wie es vor Alters beschaffen gewesen; nun aber ist es ganz neu angelegt, indem der große Thurm, der in der Mitte stunde, mit den vier kleinen abgebrochen, und das Gebäude, in zwei Flügeln, zu einer geräumigen und bequemen Wohnung zugerichtet wurde, daß es, wie Herr Widder vermuthet, die alte Burg gewesen, welche vormals die Gräfen von Hanau von Kurpfalz allein zu Lehen getragen haben, ist sehr wahrscheinlich.

Das Rathhaus, welches in gerader Linie mit der Kirche auf der andern Seite des Marktes stehet, und ganz mit Schiefer gedeckt, gut in die Augen fällt, indem die beide Gäbel bis an die Spize zugleich mit Quadersteinen aufgeführet sind. Ueber dem Eingang gegen dem Markt zu, siehet man das Kurpfälzische und Heßische Wappen, und auf der vordern und hintern Seite des Dachstuhls über zween Erkern zwei steinerne Bildnisse, ungefähr 5 Schuh hoch. Das eine stellt die Gerechtigkeit vor, wie sie, mit verbundenen Augen, in der rechten Hand das Schwerd, und in der linken die Waage hält; das andere aber die Minerva, welche ihr Angesicht mit dem Helm bedeckt.

Die alte adeliche Häuser der Herren von Wambold, von Harxthausen, von Curti, von Geiling und von Rodenstein. In dem ersteren wohnet ein Beamter, der die viele Gefälle, welche die Herren von Wambold schon von den ältesten Zeiten her als Burgmänner zu Umstadt im Besiz gehabt, einziehet; die beide leztere aber sind in bürgerlichen Händen.

Das Hospital, welches ehemals sehr ansehnliche Gefälle gehabt, und vor der Reformation auch eine besondere Kapelle gehabt zu haben scheinet 90). Es liegt am Ende der Vorstadt gegen Süden zu, und hat noch ein kleines Thürmgen.

Einige Prediger-Wohnungen, und vorzüglich die zwei lutherische 91), und das zweite reformirte Pfarrhaus; denn das erste reformirte und das katholische sind schon alt, und das erstere wenigstens auch sehr unbequem und eingeschränkt.

Der allgemeine Kirchhof liegt vor der Stadt; er ist groß, viereckigt, und mit einer guten Mauer umgeben — und in den städtischen Waldungen siehet man die Ruinen einer alten Burg, die das wamboldische Schlößlein genannt werden,

---

90. Unter den Geistlichen vor der Reformation war wenigstens ein Hospitalista. Sieh Würdtweins Dioeces. Mogunt. Tom. I pag. 551.

91) Die Lutheraner haben auch drei Schulhäuser. In dem ersten wohnet ein Litteratus, der zugleich Unterricht in der lateinischen Sprache geben muß.

und das Stammhaus dieses berühmten Geschlechtes gewesen seyn solle.

b) Semdd, ein Dorf, das drei Viertelstunden von Umstadt westwärts, und von Darmstadt vier Stunden entfernet ist. Zu den ältesten Zeiten hatten die Grafen von Kazenelenbogen schon in demselbigen eine besondere Gerichtsbarkeit, das Grevengericht genannt, welches sie auf Hessen vererbten 92). In dem Jahr 1782 war es 106 Mann stark, und der Feldmark belief sich auf 2277 Morgen an Aeckern und Wiesen; aber davon gehöret den Einwohnern nur bei 500 Morgen als Eigenthum, und das übrige Gehör bestehet in den Freigütern, die sehr viel verschiedene Besizer haben; denn nicht allein die beide hohe Landesherrschaften 93) sondern auch andere Herren haben sehr ansehnliche Höfe darinnen— die Herren von Belderbusch, von Schönborn, von Harrthausen, von Schelmen, von Sickingen, und der gewesene Superintendent Diez

---

92) Siehe Herrn Wenks Hessische Landesgeschichte I B. S. 327 not. e.

93) Hessen-Darmstadt hat ausserdem noch bei 500 Morgen privativ, welche die Gräfen-Aecker genennet werden. Die 32 Morgen Forst Aecker werden von den gemeinschaftlichen Forstbedienten benuzet.

von Darmstadt: ferner das Kollegiatstift St. Peter und Alexander zu Aschaffenburg und die pfälzische geistliche Administration. Leztere sind in einen Erb= die übrige aber mehrentheils in einen Temporalbestand verliehen. Die Kirche ist in dem 15ten Jahrhundert erbauet worden, und muß von der Gemeinde aus eigenen Mitteln erhalten werden; sie gehöret auch den Protestanten gemeinschaftlich zu, und wird von Umstadt aus bedienet. Bei den Reformirten muß im Jahr 1696 in Umstadt ein Litteratus bei der deutschen Schule gestanden haben, weil derselbige damals in Semdd predigte 94).

c) Riechen, ein Dorf, welches nur eine halbe Stunde von Umstadt nordwärts in einem schönen Wiesengrund liegt. Es hat seine Benennung von der ostwärts vorbeifliesenden Bach, die in den alten Urkunden Richina genennet wird 95). Nahe dabei liegt der in der Einleitung schon bemerkte Breitwieser Hof.

d) Klein=Umstadt, gleichfalls ein Dorf, das nur drei Viertelstunden von der Oberamts=

---

94) Nach dem reformirten pfälz. Kirchenstatus von 1696 Seite 19.

95) S. Wenks Heßische Land. Geschichte 1 B. Seite 624 not. e.

stabt entfernet ist, und bei welchem der Grefe=
hecker Hof liegt, der 236 Morgen Landes ent=
hält. Diese beide Dörfer sind, in Rücksicht auf
ihre landwirthschaftliche Verfassung in einem sehr
blühenden Zustand, fast ganz ohne Schulden, und
auch so bevölkert und wohlstehend, daß der Preiß
ihrer Güter sich täglich erhöhet. Jezt gilt der
Morgen in einer guten Lage schon 350 bis gegen
400 Gulden — Klein=Umstadt hat aber auch
noch den stärksten Weinbau in dieser Gegend,
und verkauft jährlich viele hundert Malter Erb=
sen an Frembe.

e) Wüst=Amorbach, ebenfalls ein Dorf,
aber von einer ganz andern Lage, als die so eben
beschriebene; denn es liegt zwei Stunden von
Umstadt gegen Osten, mitten in den hohen Ber=
gen, deren ich bei der Beschreibung von Umstadt
erwähnet habe. Eine Viertelstunde davon liegt
der Dombieler Hof 96), in dessen Nachbar=
schaft, nach der Bemerkung des Herrn Widders,

---

96) Wo der abeliche Hof Häußen liegt, den Herr
Wenk zu dem gemeinschaftlichen Amt Umstadt
in dem, seiner Geschichte beigefügten geographi=
schen Verzeichniß von der obern Grafschaft Ka=
zenelenbogen, gerechnet hat, kann ich nicht be=
stimmt melden. Herr Widder hat in seiner Be=
schreibung dessen gar nicht gedacht.

des Oberamtes Umstadt.

sich Spuren einer Burg zeigen, welche ein längst erloschenes Geschlecht, Namens von Amorbach, noch im Jahr 1390 bewohnet haben solle.

f) **Wächtersbach**, ein in dem 30 jährigen Krieg eingegangenes Dorf, ¾ Stunden von Umstadt gelegen, dessen Gemeinde in 8 Stämmen jezt in der Oberamtsstadt wohnet, und noch ihren eigenen Schultheisen hat, gehöret zwar nicht zu dem gemeinschaftlichen Amt Umstadt, sondern kann nur seiner Lage nach hieher gerechnet werden. Der Beamte des Freiherrn von Wambold übet über die Gemeinde die vogteiliche Gerichtsbarkeit aus, und die Appellationen werden nur an das privativ Kurpfälzische Oberamt erlassen, weil der Ort ein Kurpfälzisches Eigenthum gewesen, den das Wamboldische Geschlecht zu Lehen erhalten.

B.
Das Amt Habizheim ins besondere.

a) **Habizheim**, ein ansehnliches Dorf nebst einem Schloß, davon das ganze Amt den Namen hat, und darinnen auch der Löwensteinische Beamte wohnet. Es ist ¾ Stunden von Umstadt entfernet, und gränzet gegen Ost an diese Stadt und den Feldmark von Lengfeld, gegen

Süden an Niederklingen und Rheinheim, gegen West an Spachbrücken und Groszimmern, und gegen Norden an Sembd 97). In der Baierischen Fehde mußte es, wie das ganze Amt, viele Drangsalen erdulden, und wurde zum Theil mit verbrennet 98). In dem Jahr 1787 enthielte es 90 Häuser, 43 Scheunen und 7 zum Bau noch ledige Pläze: eine Kirche: die den Lutheranern zustehet, und die Kapelle in dem Schloß, worinnen der katholische Gottesdienst verrichtet wird; der Feldmark aber faßte in sich: 2458 Morgen Aecker, $153\frac{1}{4}$ Morgen Wiesen und 52 Morgen Wald. Die Einwohner haben aber Theil an der Viehtrift und Waide auf dem sogenannten Taubensand. An Bürger- und Beisassenfamilien zählte man in eben diesem Jahr 82 Männer, 85 Weiber, 139 Söhne, 103 Töchter, und

---

97) Diese Gränzenbestimmung ist etwas genauer, als die, welche Herr Widder angegeben hat.

98) Nach dem 3ten Saz in Schneiders Erbachischen Historie S. 330. Herr Widder behauptet zwar, daß die Herren von Erbach das Amt bald wieder in Besiz bekommen hätten; aber es verzögerte sich doch bis 1410, und kostete viele Mühe und Unterhandlungen. Sie mußten es auch nun einseitig von Hessen zu Lehen tragen, bis 1521, wo sie wieder mit der Lehenschaft an Kurpfalz gewiesen wurden.

überhaupt, ohne das Gesinde, 409 Seelen; und diese unterhielten einen Viehstand von 72 Pferden, 172 Küh und Rindern und 300 Schafen, woraus erhellet, daß der folgende Ort doch noch weit beträchtlicher, und ihn in allem dem, was auf der Tabelle stehet 99), übertrift.

b) **Groszimmern**, ein Marktflecken, der nach der Anzahl seiner Einwohner wohl der Oberamtsstadt Umstadt wenig nachgiebt. Die Grafen von Kazenelenbogen hatten in den ältern Zeiten daselbst einen Hof, Mühle und andere Rechte und Gefälle, namentlich den Urhahnzehenden, den sie von Fuld zu Lehen getragen 100). Im Jahr 1787 zählte man auf dem Feldmark, der wohl anderthalb Stunden lang und breit, $5506\frac{1}{4}$ Morgen Aecker und $235\frac{1}{4}$ Morgen Wiesen, darunter aber sehr viele herrschaftliche und andere

---

99) Sie wurde in dem Jahr 1787 von dem Häbizheimer Amt verfertiget, und mir durch einen guten Freund in dieser Gegend mitgetheilet. Es wäre zu wünschen, daß man auch von dem gemeinschaftlichen Amt Umstadt solche Tabellen aufweisen könnte — Denn dieses ist doch in der ganzen Rheinischen Pfalz die einzige Gegend, wo es an dieser lobenswürdigen Anstalt noch fehlet.

100) Siehe Herrn Wenks Hessische Land. Gesch. B. 1 S. 326 not. c.

Freigüter-101). Ferner an Gebäuden: 1 Kirche, 246 Häuser, 105 Scheunen, 18 zum Bau noch ledige Pläze nebst 3 Mahlmühlen: und in den Familien: 309 Männer, 337 Weiber, 513 Söhne, 474 Töchter — überhaupt 1633 Seelen; und bei dem Viehstand: 108 Pferde, 2 Ochsen (denn dieselbige sind bei dem Ackerbau des schweren Feldes nicht wohl zu gebrauchen) 528 Küh und Rinder und 400 Schaafe. An Waldung fehlet es der Gemeinde, hingegen ist sie berechtiget in den Dieburger Mark. Nahe an dem Flecken flieset der beträchtlichste Bach in der Gegend, die Gersprenz, welche einen großen Theil der Zentorten, nemlich die Reinsbacher, Brennsbacher, Habizheimer, Spachbrücker und Groszimmerer Gemarkung durchströmet, und bei dem Mainzischen Ort Stockstadt in den Main fällt. Daß übrigens Hessen-Darmstadt in dem Ort eine besondere Zinßgasse besizet, worüber dessen Beamter zu Lichtenberg sich auch die niedere Gerichtsbarkeit anmaßet, hat schon Herr Widder bemerket. Es sind aber eigentlich Zinßpläze, wor-

---

101) Hessen Darmstadt hat 3, Löwenstein 6, der Herr von Groschlag 4, der Herr von Wambold 5, das Stift zu Aschaffenburg 2, und die Herren von Ullner und von Wolf auch 2 von diesen Höfen im Besiz.

auf Häuser angebauet sind, die nicht gassenweiß, sondern zerstreuet da stehen. Die Bewohner müssen dem Fürsten von Löwenstein huldigen und fröhnen, so bald sie aber geschworen, in neuern Zeiten auch dem Hause Darmstadt den Eid der Treue leisten, wobei man ihnen zugleich verbietet, in Personalklagen vor dem Amte Habizheim zu erscheinen. In Güther und Feldsachen müssen sie hingegen der Löwensteinischen Gerichtsbarkeit sich unterwerfen 102).

Die Kirche, bei welcher nun die Gemeinschaft 103)

---

102) Man will von Seiten Löwenstein-Wertheim diese Gerichtsbarkeit vor ein bloses Hub- oder Zinßsiedel-Gericht ansehen, welches das, was auf diesen Plätzen gefrevelt worden, vor Zeiten höchstens mit einigen Pfund Heller abgestrafet hätte. In wie weit diese Behauptung sich mit dem zusammen räumen lässet, was Herr Widder von dem Ursprung dieser Zinsplätze in Groszimmern meldet, überlasse ich diesem geschickten Alterthumsforscher; von dem Hub- und andern Partikulargerichten der Alten kann man aber nachlesen, Herrn Wenks Hessische Gesch. 1 B. S. 90 u. f.

103) Die Reformirten waren von der Reformation her die einzige Besizer; das katholische Religions-Exercitium wurde aber seit 1704, und das Evang. Lutherische seit 1731 eingeführet; und es wäre zu wünschen, daß dieser Gegenstand des bisherigen traurigen Zwistes unter den Orts-Einwohnern auf irgend eine schickliche Art gehoben würde.

für die drei christliche Religionsverwandten eingeführet ist, wurde seit einigen Jahren erweitert und verschönert.

c) **Spachbrücken**, ein Dorf, dritthalb Stunden von Umstadt westwärts, und nur noch drei Stunden von Darmstadt entfernet, war von den ältesten Zeiten her ein Zugehör von der Burg und dem Dorf Habizheim 104). In dem Jahr 1787 enthielte dasselbige 74 Männer, 87 Ehefrauen nebst den Wittwen, 136 Söhne, 120 Töchter, überhaupt 417 Seelen ohne das Gesinde; an Gebäuden: 74 Häuser, 43 Scheunen, 12 noch zum Bau ledigen Pläze und 1 Mahlmühle; auf dem Feldmark: 1894 Aecker und 55 Morgen Wiesen, worunter sich ein Gut von etlichen 100 Morgen befindet, das der geistlichen Administration zustehet, und gemeiniglich das Kaisersfeldische oder Hasfeldische Gut genannt wird. An Waldung besizet der Ort eigentlich nur 52 Morgen, ist aber berechtiget in die große Dieburger Mark. Die Einwohner machen auch längstens Anspruch auf den sogenannten Rheinheimer Teich, dessen sich das Haus Hessendarmstadt bemächtiget, und

---

104) S. Herrn **Wenks** Geschichte S. 306. 411 und f.

und von den sie behaupten, daß er eigentlich zu ihrer Gemarkung gehöre. Die einzige Kirche in dem Ort gehöret den Lutheranern, und der Prediger, der von Löwenstein gesezet wird, hat Habizheim zum Filial. Den Bienenzehenden 105) beziehet Löwenstein, und bei der Aufnahme des Viehstandes zählte man nur in dem Jahr 1787. 42 Pferde, 128 Küh und Rinder und 21 Stück Schaafe.

d) Zeilhard, das geringste Dorf in dem Amte Habizheim, liegt von Umstadt 3, und von Darmstadt nur dritthalb Stunden. Es zählte 1787 nur 95 Menschen ohne das Gesinde, nemlich 20 Männer, 20 Frauen, 27 Söhne und 28 Töchter, und an Gebäuden nicht mehr als 19 Häuser, 8 Scheunen und noch 3 zum bauen ledige Pläze; hingegen war der Feldmark stark 1116 Morgen an Aeckern und $43\frac{1}{4}$ Morgen Wiesen; allein davon haben die Einwohner des benachbarten Dorfes Georgenhausen einen großen Theil Anbau, dann die Zeilharder konnten es mit ihrem kleinen und geringen Viehstand, zu 18 Pferden, 32 Kühen und Rindern und 200 Schaafe nicht wohl

---

105) Dieser Zehnten muß also von dem ausgenommen seyn, dessen H. Widder B. II S. 33 gedenket.

bestreiten. Uebrigens sind sie auch berechtiget in die Dieburger Mark.

C.
Drei andere zur Zent-Umstadt gehörige Dörfer.

Sie sind, das zweitere ausgenommen, nicht gar groß, und da ich ausserdem, was Herr Widder davon meldet, ohnehin nichts merkwürdiges davon weiß, so will ich sie nur mit ihren Namen benennen, damit ich doch alles dessen erwähnet habe, was zu dem gemeinschaftlichen Oberamte Umstadt gehöret.

1. **Reybach**, eine halbe Stunde von Umstadt, das als ein pfälzisches Lehen den Herren von **Groschlag**, von **Wambold** und von **Reibeld** gehöret.
2. **Brennsbach**, ein Marktflecken, der Theils dem Fürstlichen Hause Hessen-Darmstadt, Theils dem Herrn Grafen von Erbach als ein pfälzisches Lehen zustehet, und 3 Stunden von Umstadt südwärts entfernt ist.
3. **Niederkeinsbach**, auch 3 Stunden von Umstadt südwärts, das die Herren Grafen von Erbach ebenfalls von Kurpfalz zu Lehen tragen.

III.
Staatswirthschaftliche Anmerkungen über das gemeinschaftliche Oberamt Umstadt.

Aelterer und neuerer Bevölkerungs-Zustand.

Die Bevölkerung hat in diesem, wie in den übrigen pfälzischen Oberämtern, stufenweiß bald zu= bald abgenommen. Wie stark dasselbige vor dem 30 jährigen Krieg mit Menschen besezt gewesen, kann ich zwar nicht bestimmt angeben: allein, daß es darinnen überhaupt sehr viel gelitten, finde ich in dem alten, oben schon angeführten, noch aus jenen traurigen Zeiten übrig gebliebenen Verzeichniß 106), worinnen die Jahre 1634 und 1636 mit einander verglichen werden; nach demselbigen hatte Amt und Zent Umstadt im ersten Jahr 660 Familien, und diese sahen sich am Ende des andern Jahres schon bis auf 104 herabgesezet, und wer weiß, was bei

---

106) Nach demselbigen waren in dem eigentlichen Amt Umstadt im J. 1634. 376, und im Jahr 1636 nur 61; in der sogenannten Zent Umstadt im ersteren Jahr 281, und in dem lezteren 43; und in dem Oberamt Ozberg 1634. 100, und im J. 1636 nur 20 Mann, worunter ohneZweifel die Häupter der Familie verstanden werden.

dem Friedensschluß 1648 davon übriggeblieben, da bekanntlich in diesen 12 Jahren in der Rheinischen Pfalz und in der ganzen umliegenden Gegend das allgemeine Elend sich eher vermehrte 107) als verminderte, und die Geschichtschreiber selbst von der Zeit, wo Karl Ludwig seine väterliche Erblande wieder in Besiz nahm, melden müssen, daß die Städte, welche vor dem Krieg 800 bis 1000 begüterte und glückliche Bürger zählten, von Volk, Nahrung und Wohlstand so entblößet gewesen, daß in den meisten kaum noch 50 bis 100 arme und ausgesogene Familien ihr Leben fortzuschleppen im Stande waren 108). Ich glaube auch nicht, daß nach dem Frieden dieses Amt so große Fortschritte in der Bevölkerung werde gemacht haben; denn die hier darauf noch fortdauernde Religionsstrittigkeiten und Bedruckungen haben dieselbige gewiß verhindert, und durch die Auswanderung der Stadt sowohl als den Dörfern wohl manchen braven Bürger entzogen. Auf Graels Bevölkerungsliste der Un-

---

107) Hunger, Theurung und Pest wüthete in den Jahren 1637 und 1638 noch eben so, wie vorher. Siehe Kaisers Schauplaz S. 434—38.

108) Versuch der Geschichte des Lebens und der Regierung des Kurfürsten Karl Ludwigs S. 65.

terpfalz vom Jahr 1720 sind 784 Familien angegeben, wovon er der Kurpfalz 392, und dem Hause Hessendarmstadt eben so viel zuschreibt. Wahrscheinlich glaubte er also, daß die Unterthanen abgetheilet, und jeder Theil allein der Gerichtsbarkeit der ihm zustehenden Herrschaft unterworfen wäre. Aber diese Meinung ist ungegründet, indem ein gemeinschaftlicher Amtstag gehalten, und alles nach dem Vertrag von 1521 unzertheilt genüzt und genossen wird; allein eben wegen dieser unzertrennlichen Gemeinschaft läßt sich nicht genau bestimmen, um wie viel die Einwohner von 1720 an bis nun zugenommen haben, weil eben dadurch 109 die jährliche Bevölkerungs-Aufnahme verhindert wird:

---

109) Wenn man mit Büsching auf die Familie 5 Seelen rechnet, so hatte das ganze Oberamt, in welchem Grael 1720. 784 Familien annahm — 3920 Seelen, und nun sollen gegen 6000 darinnen seyn. Herr Widder behauptet, daß die jährliche Bevölkerungs-Aufnahme durch Hessen-Darmstadt verhindert würde; es kann aber auch seyn, daß dieses daran Schuld ist, weil Kurpfalz diesem Hause in den Zentorten die Territorial-Gerechtigkeit nicht zugeben, und nur die vier Haupt Zentfälle oder die sogenannte Centenam limitatam einräumen will, als worüber zwischen beiden hohen Herrschaften schon längst gestritten wird.

Indessen darf man doch an einer ansehnlichen Volksvermehrung 110), von dieser Zeit her, eben so wenig, wie in den übrigen besondern pfälzischen Oberämtern zweifeln, indem die Habizheimer Amtstabellen, die ich bei der einzelnen Ortsbeschreibung gebraucht habe, und die sichere Angaben von der Umstadter, Groszimmerer,

---

110) In der Abhandlung, über die Größe und Bevölkerung der Rheinischen Pfalz wird S. 36 behauptet, daß das Oberamt Umstadt sehr unbeträchtlich sei. Ich glaube wohl, daß dieses in Rücksicht auf die Richtigkeit der Berechnung, die der würdige Herr Verfasser über die Größe unsers Landes angestellt hat, in so weit wahr seyn mag, daß seine Darstellung dadurch, daß er es nach seinem Flächen-Inhalt auslassen mußte, wenig verlohren hat; indessen ist ein Theil des Oberamtes Umstadt, nemlich das Amt Habizheim, doch in allen Stücken weit beträchtlicher, als das ganze Oberamt Ozberg, wie aus dieser kleinen Tabelle erhellet.

Das Amt Habizheim hatte 1787		Das Oberamt Ozberg hatte 1779
Seelen	2254	1997
Häuser	429	387
Aecker	8974	6515
Küh u. Rinder	860	783

Die Pferde, deren Habizheim 235 zählte, habe ich nicht in Anschlag gebracht, weil in dem bergichten Oberamt Ozberg auch stark mit Ochsen gebauet wird. Uebrigens wird der Unterschied von 8 Jahren, von 1779 bis 1787 hierinnen wohl keine große Veränderung verursachen.

und Sembder Bürgerschaft, deren ich auch oben erwähnet, dieses schon voraus sezen; doch davon kann uns am besten überzeugen, eine genauere Betrachtung von einigen statistischen Gegenständen, z. B. der Handlung, der jezigen landwirthschaftlichen Lage des Oberamtes und des Nahrungs- und Gewerbezustandes der Einwohner überhaupt — da es bekannt ist, daß immer die Bevölkerung steigt oder fällt, je nachdem ein Land in diesen Stücken zu- oder abnimmt.

Handlung, Acker- und Gartenbau.

Die Handlung scheinet in den ältern Zeiten in einem blühendern Zustande gewesen zu seyn, als nun; die gemeinschaftliche Oberamts-Stadt Umstadt hatte wenigstens nach einer alten Sage, die man jezt noch in der ganzen Gegend allgemein annimmt, ehemals einen sehr großen Umfang, und über 400 Tuchmacher, die ihr Gewerbe weit ausgebreitet hatten, und den Ort in den besten Nahrungsstand versezten; man soll heut zu Tage noch zu Frankfurt den öffentlichen Plaz zeigen, wo sie zur Meßzeit ihre Waaren auslegten. Ich kann nicht bestimmt angeben, wie sich dieser Handlungszweig und dieses Gewerbe verlohren, und aus welchen Ursachen — aber so viel ist gewiß, daß die Produkten des Feldbaues nun das vorzüglichste sind, womit man in der Stadt sowohl als in dem ganzen Amte noch auswärtiges Geld an sich ziehet, und daß beide dazu auch eine sehr glückliche und beneidenswürdige Lage haben; denn eben die Nachbarschaft von Frankfurt macht, daß der Landmann, das, was er davon entbehren kann, immer in einem guten Preiß anbringt, und zu dem Ende nicht einmal nöthig hat, aus seiner Wohnung zu gehen, sondern die Unterhändler, welche wöchentlich zweimal dahin ziehen, nehmen es ihm selbst in dem Hause ab, und bewirken dabei, weil ihrer mehrere sind, wie auf einem öffentlichen Markte, eine immer einträgliche Konkurrenz. Aber der Ackerbau war auch schon in ältern Zeiten 111), so wie jezo, hier die erste Nahrungs-Quelle, und wer die Lage des Landes betrachtet, wie ich sie oben beschrieben habe, wird sich leicht davon überzeugen können: denn wozu hätten sonst die Einwohner ihre so ansehnliche fruchtbare Ebene gegen Hanau, Frankfurt und Darmstadt zu benuzen können? Der Erdboden, welcher aus ei-

---

111) Nach den vortrefflichen Bemerkungen des Herrn Wenks von dem Ackerbau der obern Grafschaft Kazenelenbogen, die das Amt Umstadt so nahe begränzet, in seiner Geschichte 1 Band, S. 160—163.

nem starken, kalten und zehen Letten bestehet 112), und dem man in der Gegend den Namen Sohmet beileget, ist auch, wenn er anders zeitlich und wohl gepflüget und gedüngt wird, um ihn locker zu erhalten, vorzüglich gut dazu — wie die Register des großen Zehnten unter andern auch beweisen. Nach demselbigen erndtete die Stadt Umstadt 113) in dem Jahr 1788 zwölf tausend und fünfzig, und Groszimmern 114) acht tausend und vier hundert Malter allerlei Früchte — und die übrige Oerter, nach dem Verhältniß ihres Feldmarks nicht viel weniger. Ein nicht geringer Ertrag, wenn man

---

112 Flad von der verschiedenen Fruchtbarkeit der rheinischen Pfalz in Actis Acad. pal. Tom. I. pag. 439 über das, was der Verf. von Umstadt in einigen andern Stücken unrichtig angiebt, werde ich ihn weiter unten berichtigen. Groszimmern und viele andere Distrikten haben auch einen guten gelben Leimenboden.

113) Löwenstein, welches ein Quart des Umstadter Zehntens beziehet, erhielte 1788. 254 Malter allerlei Früchte; die übrige drei Quart hatten 60 Malter mehr, weil sie ihn in Natur eingezogen; die pfälzische geistliche Administration zog, aus den ihr zehndbaren Feldgewandten 104; der Neurottzehnten 25 zusammen 1205 Malter.

114) In Groszimmern wird der Zehnten in 12 Theile getheilet: die geistliche Administration hatte daran 4/12tel, und zog 280 Malter — im ganzen also 840 Malter.

dasjenige dazu nimmt, was eigentlich zum kleinen Zehnten gehöret, als darunter in dieser Gegend zum Theil die Grundbirn mit inbegriffen sind; in Groszimmern wurden von diesen in dem Jahr 1788 allein 3840 Malter eingethan 115).

Das Feld wird, wie in dem Kraichgau 116) flurenweiß gebauet, aber auf eine Art, die zu erkennen giebt, daß die Landleute ihren Nuzen wohl verstehen, und keinen Vorurtheilen gegen die verbesserte Landwirthschaft ergeben sind. Die Brache, welche man, wie dorten, wegen dem großen Feldmark wohl dulten muß, ist auch an keine sklavische Geseze gebunden, indem bei nahe $\frac{2}{3}$ derselbigen Theils mit Kraut (zu dessen Bau in Umstadt mancher Bürger 2 bis 3 Morgen widmet) Theils mit weisen, gelben und Dikrüben und mit Grundbirn angepflanzet wird; so wie der Winterflur Korn und Spelz, und der Sommerflur Gerste, Hanf, nebst den Hülsen-

---

115) Die 4/12tel des kleinen Zehentens, die der geistlichen Administration zustehen, und die der zweite reformirte Prediger in Umstadt als Besoldung beziehet, haben allein an Grundbirn 128 Malter ertragen.

116) Siehe meine Vorlesung von Bretten S. 109.

früchten, Erbsen, Wicken und Linsen in Menge hervorbringt. Doch das Land, das hier so stark, als an einem Ort in der Pfalz angebauet ist, versagt keiner Getraideart den Wachsthum; man hat vor etlichen Jahren auch angefangen Krapp zu bauen, und findet ihn von vorzüglicher Güte. Indessen sind doch die beide Frucht-Gattungen, wodurch sich die Gegend für andern besonders auszeichnet, vornemlich Spelz und Erbsen.

Der Spelz, welcher in diesem schweren und tiefgründigen Boden wohl gerathen muß, wird oft in das Kleefeld gebauet, damit man den Dung in etwas erspare, und ihn also in den weitläufigen Gemarkungen zu andern Fruchtgattungen brauchen kann; man pflanzet ihn aber auch zu dem Ende, besonders zu Habizheim und Sembd, in solche Aecker, die gegen Johannis, wenn man sie zuvor zweimal wohl gepflüget, mit Wicken besäet werden: gegen den Herbst mähet man diese Wicken ab, und pflüget darauf diese mit frisch unter ehe man nemlich den Spelz einsäet, und man will aus der Erfahrung wissen, daß ein Acker nach dieser Art behandelt $\frac{1}{3}$ mehr Frucht bringe, als wenn er nach der alten und gewöhnlichen Art behandelt wird. Indessen giebt es freilich Landleute in der Gegend, welche dieser Methode nicht beipflichten, und sie haben wirklich einen großen Mann, den berühmten klaßischen Schriftsteller in der Oekonomie, den Herrn Präsidenten von Benekendorf auf ihrer Seite, welcher diese Düngart unter die seltsame Einfälle und Unternehmungen rechnet, weil der Acker die salzigen und öhlichten Theile, welche ihm diese untergepflügte Hülsenfrüchte zu seiner Befruchtung mittheilen sollen, vorhin schon gehabt, und zum Wachsthum eben dieser untergepflügten Früchten angewandt habe, und also keine neue Kräfte erhalte 117). Uebrigens trägt der Morgen zu 160 Ruthen gerechnet, wobei aber zu bemerken, daß hier die Ruthe nur 12 Schuh groß 118), insgemein 12 bis 14 Malter, und diese geben, wenn sie geschälet, 6 bis 7 Malter, und in guten Jahren auch etwas mehr

---

117) Im ersten Band der Berliner Beiträge zur Landwirthschaft. S. 569 u. f.
118) Von der Nürnberger Ruthe, welche 16 Schuh lang, und die nun in der ganzen Pfalz eingeführet ist, und von dem Verhältniß des Rheinländischen Schuhs zum Nürnberger. Siehe Herrn Traiteurs Abhandlung über die Größe und Bevölkerung der Rheinischen Pfalz. S. 33 not. t. S. 35 not. u.

Kern. Das daraus gewonnene vortreffliche Weißmehl wird nach Hanau, Seeligenstadt und Offenbach geführet; selten nach Frankfurt, weil die Abgaben, welche in dieser Stadt darauf gelegt werden, zu hoch kommen.

Die Erbsen gehören zu den köstlichsten in unserm Vaterlande, und werden daher auch sehr reichlich, besonders zu Klein=Umstadt angepflanzet. Sie bekommen keine Käfer, wie die gewiß auch sehr gute Erbsen von Sinzheim, und der sel. Flad schreibt dieses, in der oben angeführten Abhandlung, dem kalten und festen Lettenboden zu, als worinnen diese Insekten sich selten oder nie fortpflanzen.

Der Gartenbau, den der gemeine Landmann zu seinem Schaden noch zu sehr vernachläßiget, wird hingegen in der Oberamtsstadt, wenigstens

---

119) Besonders aus guten Spargelarten, die hier größten Theils aus dem Saamen erzogen werden, und aus einer Gattung länglichter Zwiebeln, welche viel zärter, als die gewöhnliche runde sind. Von den lezteren hatten, in dem verflossenen Jahr vier Länder, wovon jedes 4.1/2 Schuh lang und 14 Schuh breit gewesen, ein Malter gesäeter Zwiebeln getragen, wovon die eine Hälfte so dick geworden, daß sie nicht zum sezen taugten, sondern zum kochen verbraucht werden

von einigen weltlichen und geistlichen Bedienten mit vieler Einsicht getrieben. Sie geben sich selbst damit ab, und ziehen aus allen Gattungen der dazu gehörigen Gewächsen 119) einen nicht geringen Vortheil. Sie verbinden damit die fleißige Anpflanzung guter Obstsorten, worunter in der Gegend merkwürdig, die sogenannte Vezelbirn, welche so fruchtbar, daß man einen ganz angenehmen Wein daraus zubereitet, der sich auch länger als die gewöhnliche Obstweine hält, und im Sommer dem Ackermann einen erquickenden Trunk darreicht. Die Zwetschen werden, wenn sie gut gerathen, am meisten gedörret und nach Holland verführet.

Viehzucht, Wiesen, Weinbau und Beholzigung.

Der Viehstand nähert sich auch, seitdem der Kleebau eingeführet worden, immer mehr und mehr dem Verhältniß, das er, wenn die Landwirthschaft mit Nuzen geführet werden soll, gegen den Ackerbau nothwendig haben muß. In der sonst schönen Abhandlung, von der verschie-

---

mußten. Das Malter kostete 4 fl. 45 kr.: es steigt aber, wenn sie etwas seltener sind, oft bis auf 8 fl.

denen Fruchtbarkeit der Rheinischen Pfalz 120), wird zwar von dem Oberamt Ozberg und Umstadt gesagt, daß es an Wieswachs und an der Viehzucht fehle. Es kann seyn, daß vor 23 Jahren, wo diese Abhandlung heraus kam, beides sich noch nicht in dem Zustand befande, in welchem es der patriotische Verfasser zu seyn wünschte; übrigens aber konnte man doch nicht, selbst dazumalen mit Wahrheit sagen, daß es an dem Wieswachs fehle, denn auf der Tabelle von 1779 werden ja doch bei dem kleinen Oberamt Ozberg, 683 Morgen Wiesen angegeben, und in dem Amt und in der Zenten Umstadt müssen nach dem Verhältniß weit mehr vorhanden gewesen seyn, weil man auf der Habizheimer Amtstabelle von 1787, den 4 zu diesem Amte gehörigen Dörfern auch 487$\frac{3}{4}$ Morgen Wiesen zugeschrieben findet, welche ihrer Lage nach, gewiß nicht seit kurzem angelegt worden, sondern schon 1763 bestanden haben. Freilich ist dieses gegen die Anzahl der Aecker auf jedem Ortsfeldmark wenig; aber wie vieles ersezet auch der Kleebau, der sich täglich mehr ausbreitet, und

---

120) In Actis Acad. palat. Tom. I pag. 438.

wirklich verursachet, daß die **Rindviehzucht** in neuern Zeiten mit großem Gewinn getrieben wird? man fängt nun an die leztere zu einem Handelsprodukt zu erhöhen, und verkauft in den Haushaltungen, wo die Stallfütterung eingeführet ist, jährlich etliche gemästete Ochsen; erziehet die Pferde, für welche man sonst vieles Geld aus dem Lande trug, zum Theil selbst, und freuet sich, daß man für die so beträchtliche Schaafweiden 121) in diesem so nüzlichen Gewächse, nemlich dem Kleebau, auch ein viel besseres Futter gefunden hat.

Der **Weinbau**, welcher in diesen Gegenden schon unter den Karolingern sehr gemein gewesen 122), findet man jezt nur auf den Berghügeln von der Oberamtsstadt und in Klein-Umstadt

ein-

---

121) In dem kleinen Amte Habizheim weideten 1787 allein 921 Schaafe.

122) Nicht allein in den blühenden Gegenden des Rheinstroms und an der eigentlichen Bergstraße, sondern auch an andern Orten, die ganz nahe an den Odenwald gränzen, waren in den ältern Zeiten Weinberge angelegt; wenigstens findet man sie in den Urkunden von 874 schon unter den gewöhnlichen Güterstücken von Bickenbach und Senheim. S. Herrn Wenk 1 B. S. 163.

eingeführet, aber lange nicht mehr so stark, wie in älteren Zeiten, wo man, nach den alten Saal- und Lagerbüchern so viel Wein hier anpflanzte, daß er nicht allein zur eignen Konsumtion hinreichte, sondern auch noch vieles davon an Auswärtige verkauft werden konnte. Woher es gekommen, daß er so sehr abgenommen, kann ich nicht bestimmt melden; indessen scheinet es doch der öftere Miswachs verursacht zu haben, daß man, besonders seit 1740, viele Weinberge ausgerottet, und dieselbige zu Fruchtfeldern angelegt hat. Das Gewächse ist von vorzüglicher Güte — so lieblich, daß man ihn bald trinken kann, und doch so stark, daß er sich auch viele Jahre, ohne einigen Nachtheil, aufhalten läßt: denn der Saz ist eitel Rießling, und der Boden auch dieser Traubengattung angemessen und gut.

In Ansehung der Beholzigung stehet aber das Oberamt gegen die ältern Zeiten weit zurück; die Oberamtsstadt 123) und die Dörfer Klein

---

123) Herr Widder giebt die Waldung von Umstadt zu 5 bis 6000 Morgen an — und die herrschaftliche zu 13000 Morgen; aber da beide noch nicht geometrisch aufgenommen worden, so läßt sich die Größe wohl nicht so genau bestimmen. Der herrschaftliche Wald wurde in dem 1771 und

Umſtadt, Wüſtamorbach und Riechen haben zwar noch eigne Waldungen, und können daraus auch ihre Bedürfniß, in Rückſicht auf das Brand⸗ holz wenigſtens, noch auf eine ziemlich leichte Art befriedigen; indeſſen iſt doch zu befürchten, daß ſie bald dieſen Vorzug verliehren, wenn ſie nicht ſehr wirthſchaftlich damit umgehen, wie die von Groszimmern und einigen Zentorten, welche in den großen Dieburger Waldmark berechtiget ſind, aber, wegen der ehemaligen ſchlechten Forſt⸗ wirthſchaft nun denſelbigen nur zur Viehweide gebrauchen können, und das nöthige Bau⸗und Brandholz in dem benachbarten Odenwald, oder auch an dem Mainſtrom kaufen müſſen.

Allgemeine Anmerkungen und Beſchluß.

Ich wage es nicht, über den ſittlichen Cha⸗ rakter der Einwohner dieſes Oberamtes ein all⸗

1772ger Jahr durch die große Näſſe ſehr in Rück⸗ gang gebracht; Man hat aber ſeitdem dafür geſorget; daß er durch neu angelegte Gräben und Schläge in einen Stand geſezet wird, der dieſen Schaden bald zu erſezen fähig iſt. In der Stadt erhält die weltliche und geiſtliche Die⸗ nerſchaft daraus ihr Beſoldungsholz.

des Oberamtes Umstadt.

gemeines Urtheil zu fällen, weil man gar leicht sich dabei der Gefahr ausgesezet siehet, gegen den edler denkenden Theil des Publikums, der sich überall durch eine gute Erziehung und feinere Lebensart auszeichnet, ungerecht zu werden, und weil es überhaupt sehr schwer ist, bei der nähern Beurtheilung dieser oder jener Volksklasse, die Gränzen richtig zu bestimmen, ohne einzelne Mitglieder zu kränken. Ich gestehe es offenherzig, daß dieses auch die einzige Ursache gewesen, warum ich bei meinen bisherigen Vorlesungen über diese oder jene vaterländische Gegend, nie oder selten meine Meinung darüber äusserte. Indessen läßt sich doch, bei der besondern Verfassung dieses gemeinschaftlichen Oberamtes davon so viel mit Gewißheit behaupten: Ein großer Theil der Einwohner, ist — und sehr wahrscheinlich durch das sich so sehr durchkreuzende Interesse der verschiedenen Landesherrschaften und der daher rührenden beständigen Strittigkeiten — selbst streitsüchtig, unruhig, und bei dem geringsten Widerstand, wahren oder eingebildeten Beleidigung, geneigt, sich darüber in einen Prozeß bei den Gerichtshöfen einzulassen; daher kömmt es auch, daß sie in ihrem Betragen nicht so

K 2

Beschreibung

offen und freundlich sind, als man unsere übrige vaterländische Landleute sonst beschreibet, ob sie gleich mit diesen den Fleiß und die Betriebsamkeit in ihren Geschäften vollkommen besizen, und vorzüglich in der Oberamtsstadt, Tag und Nacht keine Mühe scheuen, um sich zu ernähren, und ihren Wohlstand in einem immer blühenden Zustande zu erhalten 124).

Allein die Unterthanen dieses gemeinschaftlichen Oberamtes können auch darinnen leichter einen glücklichen Fortgang gewinnen, weilen sie Freiheiten genießen, deren die Einwohner von beiden Herrschaften in den ihnen allein zustehenden Aemtern sich nicht erfreuen können. Die eigentliche Schazung ist sehr gering, und muß es

---

124) Durch enen unruhigen Charakter zeichnen sich besonders die Einwohner von Groszimmern aus, und ihre langwührige Strittigkeiten über die nun gemeinschaftliche Kirche hat vielleicht nicht wenig Antheil daran; der Kurfürst Karl Ludwig nannte sie schon seine Frei-Schweizer; von einer ganz entgegen gesezten Gemüthsart sollen aber die von Klein Umstadt und Ricchen seyn, nemlich stille und arbeitsam zugleich; daher rühret aber auch ohne Zweifel ihr Wohlstand, dessen ich bei der besondern Ortsbeschreibung erwähnet habe, ob sie gleich durch die Frohnden für die beiden Amthäuser zu Um-

schon von ältern Zeiten her gewesen seyn, weil Grael auf seiner Bevölkerungs- und Schazungs- tabelle von 1720 behauptet, daß Kurpfalz von seiner Hälfte von Amt und Zent Umstadt nicht mehr als jährlich 5000 Gulden 125) beziehe. Außer dem Weinzoll ist auch kein anderer Zoll und gar keine Accis eingeführet; von dem kleinen Zehnten sind die Bürger in der Oberamtsstadt, wie ich oben schon gemeldet habe, völlig befreiet; und in dem ganzen Amt findet man keine außerordentliche Auflage, ausgenommen die sogenannte Kontribution und den Zentsaz, der freilich in den neuern Zeiten stark erhöhet worden. Salz kann und darf man kaufen, wo man es am wohlfeilsten bekömmt, und die herrschaftlichen Frohnden sind nicht für alle, sondern nur für einige Ortschaften vorzüglich beschwerlich 126).

---

stadt, eine größere Last als die übrige Amts Einwohner auf sich haben.

125) An Schazung 2000 und an Beiträgen 3000 Gulden. Im Habizheimer Amt ziehet nun die gemeinschaftliche Herrschaft keine Schazung — aber eine gewisse Kontribution.

126) Siehe die Note 124 über dem Wildfangs- und Leibeigenschaftsrecht, wovon Herr Widder gar nichts meldet, herrschet auch zwischen

Es wäre nur zu wünschen, daß einige Hindernisse, welche hier und da der höheren Vervollkommnung der Landwirthschaftlichen Lage noch entgegen stehen, möchten zugleich gehoben werden. Einiges davon liegt freilich so tief in der ältern Landesverfassung, daß es sehr schwer fallen wird, eine Abänderung darinnen zu treffen, wie z. B. die viele herrschaftliche Erbhöfe, bei denen es nicht verstattet ist, sie in kleinere Loose zu theilen, und welche bei dem Todesfall des Hausvaters immer wieder dem ältesten Erbe ganz zufallen. Wie hart und drückend ist das nicht für die andere Kinder, die dagegen mit einer kleinen Abgabe zufrieden seyn müssen, und also (wenn sie in dem Lande bleiben) zum vor-

---

beiden hohen Herrschaften in dem Amt sowohl als der Zent Umstadt schon ein langwieriger Streit. Kurpfalz behauptet, dasselbige allein zu besitzen: indessen ist es doch so hergebracht, daß beide ihre gemeinschaftliche sowohl als besondere Leibeigene haben. Die Stadt Umstadt ist aber davon völlig befreiet. Von diesem alten Recht der Pfalzgrafen überhaupt kann man nachlesen: Gründliche Behauptung der Pfalzgrafschaft am Rhein, Regals des Wildfangs und der Leibeigenschaft. Und Versuch der Geschichte der Regierung und des Lebens Karl Ludwigs. S. 163 u. f.

aus verſichert ſeyn können, daß Armuth und Mangel, wenigſtens im Alter ihr traurigſtes Loos iſt: wie unbequem aber auch ſelbſt für den Beſizer des Guts, der in dieſem Fall meiſtentheils zu viel Aecker und zu wenig Dung hat, und daher lange nicht das einernbten kann, was ihm sein Feld, wenn er mehr Vieh zu halten fähig wäre, ertragen könnte, ſo hat er zu thun, bis er ſeinen Kanon entrichtet, und ſeine Haushaltung ernährt.

Die übrige Hinderniſſe, womit hier noch die verbeſſerte Landwirthſchaft zu kämpfen hat, können, weil ſie bloß auf dem freien Willen des Landmannes beruhen, leichter gehoben werden: und ſollte man nicht dazu, von Seiten einiger edeldenkenden und begüterten Landwirthen, durch ein gutes Beiſpiel bald den Weg glücklich bahnen — und auf dieſe Art unter anderm, die allzugroße Schäfereien, welche verurſachen, daß das Brachfeld nicht vollkommen genug benuzet werden kann, in etwas einſchränken — Die Wieſen, um dadurch mehrere und ſüſſere Futterkräuter zu gewinnen, jährlich und ordentlich düngen — und wo dieſe mangeln, den Kleebau noch weiter ausbreiten? wie leicht würde denn dieſes ohnehin in ſo vieler Rückſicht geſegnete Oberamt, durch die unerſchöpfliche und mannichfaltige Hülfsquellen des Ackerbaues ſich in ſeiner landwirthſchaftlichen Lage ganz der Vollkommenheit nähern, und alles im Ueberfluß herfürbringen?

Eine reizende Ausſicht, die mein Auge, mit einem ſtolzen Vergnügen, ſchon in der Ferne zu entdecken glaubt! ich will daher mit derſelbigen dieſe Vorleſung endigen, und mich in der Stille daran ergözen.

Quod patria noſtra floreſcit, quam mihi a quocunque excoli jucundum!

Versuch
die eigenthümlichen und rechtmäsigen
Grenzen der Polizei
zu bestimmen.

Fortsezung des zweiten Abschnitts.
Von
Johann Ludwig Erb.

Vorgelesen den 15 Februar 1789.

Fortsezung
der im dritten Bande S. 181 angefangenen Abhandlung.

Polizei der äußern Angelegenheiten oder auswärtige Polizei.

Wenn ich behaupte, daß die Polizei sich eben sowohl über äußere Staatsangelegenheiten erstrecke, als sie sich bei innern Angelegenheiten thätig beweiset: so kommt es nur darauf an, die Bemühung des Staatsmanns, dem die auswärtigen Geschäfte anvertraut sind, etwas näher zu beobachten, um zu sehen, ob sich dieselbe blos dahin einschränken, die Rechte und Verbindlichkeiten auswärtiger Nationen festzusezen, die das Daseyn, die Freiheit und die Besizungen des einheimischen Staats sichern, und ihre Mitwürkung zur Unterstüzung und Beförderung seiner Gewerbe bestimmen, und bei einer Verfassung, die einen jeden ungerechten Eingrif auf dieselben mit Gewalt abzuweisen fähig wäre, gedultig abzuwarten, ob der fremde Staat seinen Pflichten getreu bleiben werde oder nicht? Oder ob seine Sorge nicht zugleich auch dahin gehe, jedem gewaltthätigen Ausbruch durch kluge Maasregeln vorzuarbeiten, und seinen Mitbürgern die Kosten und alle nachtheilige Folgen des Kriegs zu ersparen? Wäre lezteres, so fänden wir die Polizei, wenn sie sich gleich unter der allgemeinen Benennung der Politik oder Staatsklugheit verbirgt, demnach auch in auswärtigen Angelegenheiten. Es wird eben nicht schwer seyn, da ich das Eigenthümliche der Polizei deutlich angegeben habe, die Fälle aufzusuchen, die dieses Kennzeichen an sich tragen.

Wer nur einigermaßen mit den Gesandtschaftsgeschäften bekannt ist, und Gelegenheit gehabt hat, ihre Berichte zu lesen, dem muß es sogleich auffallen, daß ihre Hauptbeschäftigung Polizei, und daß selbst ihr beständiger Aufenthalt an fremden Höfen nichts anders als eine Polizeianstalt ist. Sonst schickte man nur Gesandte ab, wenn es darum zu thun war, auswärtige Höfe in unser Interesse zu ziehen, Handlungs- oder andere Traktaten mit ihnen zu entwerfen und zu schliessen. Jezo aber unterhält man immerwährende Gesandtschaften, um den fremden Hof zu beobachten, ihm auf alle Schritte zu lauren, und seine Absichten zu errathen. Wird nur das geringste bemerkt, woraus eine feindselige Absicht zu befürchten wäre; so wird er oft blos dadurch zurückgeschreckt, daß wir ihm auf eine oder die andere Art zu verstehen geben, daß wir um seine Anschläge wissen, oder er wird so gar geradezu darüber zur Rede gestellt, und sehr oft ihm eine categorische Antwort abgefordert, ob seine feindselige Anstalten unsern Hof betreffen? Nichts wird versäumet, nichts wird gespart, um die tiefsten Staatsgeheimnisse zu erforschen und zu erkaufen. Aber eben dies, daß das scharfsichtige Aug des Gesandten immer gegenwärtig ist, hält ihn in den nöthigen Schranken, und erschwehrt es ihm, sich unbemerkt in eine solche Lage zu sezen, wodurch er uns gefährlich werden könnte, und benimmt ihm alle Hoffnung, uns unbereit überfallen zu können. Wie oft ist man nicht blos dadurch dem Ausbruch eines Krieges zuvorgekommen, daß man durch zu frühzeitige Entdeckung sein böses Vorhaben vereitelt hat? Und sollte man doch noch länger anstehen können, in diesem immerwährenden Aufenthalt der Gesandten eine auswärtige Polizeianstalt zu sehen.

Ist das Gesandschaftsgeschäfte zwischen Polizei- und andern Geschäften getheilt; so haben hingegen die Consuln blos die Polizei auf auswärtigen Handelsplätzen auszuüben. Ausser der Gerichtsbarkeit und Rechtspflege, die ihnen in der Levante besonders deswegen ausbedungen ist, weil alle traktatenmäßige Vortheile, die den Kaufleuten zugestanden sind, gar leicht mittelbarer Weise durch die Bedruckung und Ungerechtigkeiten der Türkischen Richter, deren Rechtspflege feil und käuflich ist, vereitelt werden könnten, gehet der Zweck ihrer Sendung, und ihr Auftrag dahin, die Nationalhandlungsvortheile bestens wahrzunehmen und zu befördern, dem Commercienrathe ihrer Nation die richtigsten und zuverläßigsten Nachrichten von dem Zustande, den Ursachen des Verfalls, den Mitteln der Erweiterung der Handlung, und den Maasregeln zu ertheilen, die er nehmen muß, um die Concurrenz zu gewinnen; demselben alle erhebliche, in die Handlung Einfluß habende Begebenheiten einzuberichten; die Kaufleute ihrer Nation zu vertreten, zu vertheidigen, gegen alle Bedrückung zu schüzen, die Nation bei den ihr nach den Verträgen zustehenden Handlungsfreiheiten zu handhaben, über allen Kränkungen und Eingriffen in dieselbe zu wachen, dagegen Vorstellungen zu thun; die wichtigsten Handlungsangelegenheiten mit den angesehensten und weisesten Kaufleuten der Nation in Ueberlegung und Berathschlagung zu ziehen, die Misbräuche der Nationalhandlung wohl zu bemerken, und was dergleichen Sachen mehr sind, die die Handlungspolizei betreffen 1). In den meisten Fällen würden die erwarteten guten Folgen der Handlungstraktaten vereitelt werden, wenn nicht die Wachsamkeit der Consuln die Verlezung derselben erschwehrte, und dadurch ihre Erfüllung versicherte. Aber eben deswegen, weil eine jede Nation diese nahe Aufsicht scheuet, hält es so schwer, die Anstellung derselben zu erhalten; und man kann schon bei nahe zum voraus sehen, daß es einer Nation, die sich weigert, Consuls von unserer Seite anzunehmen, mit den Vorrechten, die sie unserm Handlungsverkehr einzuräumen verspricht, eben nicht sehr Ernst ist.

Auch ohne ihren Wirkungskreis auf fremden Boden zu versezen, weiß die auswärtige Polizei so gar zu Hause schon ihre Einrichtung so zu treffen, daß jeder Nation schon zum voraus der Muth benommen wird, uns durch Ueberraschung einige Vortheile abzugewinnen. Ich ziele hier auf den stehenden Soldaten, den Ludwig XIV. zur Sättigung seiner Eroberungssucht lohnte, al-

---

1) Von Steck Versuche über einige erhebliche Gegenstände, welche auf den Dienst des Staats Einfluß haben, S. 145—148.

le übrige Mächte aber seitdem auch mitten im Frieden als eine Schuzwehr gegen jeden unvorhergesehenen gewaltsamen Angrif mit großen Kosten unterhalten.

Und sollte ich mich wohl irren, wenn ich das Sistem des allgemeinen politischen Gleichgewichtes zur auswärtigen Polizei rechne. Dieses Gleichgewicht, welches natürlich aus der gegenseitigen ganz gerechten und vernünftigen Eifersucht der verschiedenen bürgerlichen Gesellschaften entspringt, ist, (um mich der eigenen Worte des Herrn Grafen von Herzberg zu bedienen) nichts anders, als die ausdrückliche oder stillschweigende Vereinigung mehrerer Staaten von minderer Macht, um ihr Daseyn, ihre Freiheit und ihre Besizung zu sichern, und durch vereinigte Kräfte die Fortschritte und entweder wirkliche oder nur mögliche gefährliche und zu weit aussehende Absichten jeder andern Macht zu hindern, die durch Glücksfälle und Begebenheiten aller Art schon zu übermächtig geworden ist, und es noch werden will 2). Dieses Sistem des Gleich-

---

2) Wer sich einen deutlichen Begrif von diesem Sistem machen will, den verweise ich auf des Herrn Grafen von Herzberg Abhandlug über den wahren Reichthum der Staaten, das Gleichgewicht des Handels und der Macht.

gewichts, das mit den großen bürgerlichen Gesellschaften entstanden ist, und in der Geschichte aller Zeiten und Nationen bemerkt werden kann, aber vorzüglich in dem 15ten und 16ten Jahrhundert einigen mächtigen Häusern, die nach einer Universalmonarchie strebten, entgegengesezt worden ist, ist in unsern Zeiten in Europa so allgemein und regelmäßig geworden, daß auch Staaten von der untersten Klasse darinn Schuz und Schirm gegen den Mächtigsten finden, dem durch dieses Sistem solche unübersteigliche Hindernisse entgegengesezt sind, daß er jeden aufsteigenden Gedanken von Unterdrückung als eine unausführbare Chimäre mit Demüthigung verscheuchen muß. Es hat dieses Sistem zu große Aehnlichkeit mit dem Grundsaze der einheimischen Polizei, die zur Handhabung der innern Sicherheit keinen Stand zu mächtig werden läßt, als daß ich mich hätte überwinden können, demselben nicht seinen Plaz in der Polizei der äußern Angelegenheiten anzuweisen.

Hat dieses Sistem einen so wohlthätigen Einfluß auf die Ruhe und Sicherheit eines jeden Europäischen Staats ohne Unterschied, so daß kein einziger mächtiger Staat dieses Gleichgewicht der Macht zu verrücken wagen darf, ohne in allen übrigen Mächten Vertheidiger des unterdrückten zu befürchten, und hat dadurch unser Jahrhundert den ausgezeichneten Vorzug erhalten, daß wenigstens die Unterjochung ganzer Reiche eine Unmöglichkeit geworden ist; so leisten das nemliche die zur Erfüllung der Friedensschlüsse eingeführten Garantien in Absicht derjenigen Mächte, die unmittelbar Theil daran haben.

Schon in den ältesten Zeiten hat man die Nothwendigkeit eingesehen, sich durch Geissel der Vollstreckung der Friedensbedingnissen zu versichern; diese Art der Geissel war aber nur in solchen Fällen anwendbar, wo das, was auszuführen war, auf eine bestimmte Zeit eingeschränkt war. An deren Stelle hat man im mittlern Alter eine andere Art von Geisseln und sogenannten Conservatoren eingeführt, die aber, weil sie aus den Vasallen des verpflichteten Theils genommen wurden, nur Gelegenheit zum Ungehorsam und Aufruhr gegen ihren Lehenherrn gaben, und doch dem Gegentheile keine zulängliche Sicherheit verschaften. Erst zu Anfange des 16ten Jahrhunderts ist man darauf verfallen, diese Gewährleistung dadurch zuträglicher zu machen, daß man unabhängige und mächtigere Fürsten ersuchte, an der treuen Beobachtung des Friedens Theil zu nehmen, und Gewalt gegen denjenigen gebrauchen zu wollen, der den Bedingungen des Friedens nachzukommen verweigerte. Dieß ist der Ursprung der heutigen Garantien, die vor den ältesten Arten von Geisseln und den Conservatoren des mittlern Alters dieses voraus haben, daß sie ihre Wirkung auf unbestimmte Zeiten ausdehnen, und weit sicherer für alles haften, was im Frieden ausbedungen war. Wenn nun einer der Vertragmachenden Theile noch so gerne dem Inhalt desselben zuwider handeln wollte; so müßten die Umstände außerordentlich günstig für ihn seyn, wenn er nicht durch die Voraussicht des Weistandes, den die Garants dem beleidigten Theile zu leisten sich anheischig gemacht haben, von seiner widerrechtlichen Unternehmung abgeschreckt werden sollte. Erkennt man aber nicht eben daran abermals die auswärtige Polizei, die die Ausführung ungerechter Absichten erschwehret 3)?

---

3) Man vergleiche des Herrn von Stecks Abhandlung von den Geisseln der Verträge mittlerer Zeiten und dem Ursprunge der Garantien, in seinen Versuchen über einige erhebliche Gegenstände, welche auf den Dienst des Staats Einfluß haben, S. 48—62 und neues Staatenjournal 1789. 5tes Heft, S. 241—246.

So wie die einheimische Polizei ihre Wachsamkeit verdoppelt, wenn Umstände eintreten, die dem übelgesinnten Mitbürger die Vollstreckung seines bösen Vorhabens erleichtern; so zeigt sich auch die auswärtige Polizei besonders auf ihrer Huth, wenn sich fremde Nationen in einer Lage befinden, wo sie leicht ihre Kräfte gegen uns mißbrauchen könnten. Dieser Fall ereignet sich, so oft auswärtige Staaten in einen Krieg verwickelt sind, an dem wir selbst keinen Theil nehmen. Um allen Unfug abzuwenden, der dem Bewafneten gegen den Unbewafneten einfallen könnte, oder wohl gar einen Ueberfall zu vereiteln, der uns unter der Maske eines fremden Kriegs vorbereitet war, senden wir Observationsarmeen an die Grenze, oder die Seemächte rüsten Observationseskadern aus. — Eben so hat die während des lezten Nordamerikanischen Kriegs von der Rußischen Kaiserin entworfene und von den meisten Europäischen Seemächten angenommene bewafnete Neutralität nicht blos zur Absicht, die Fundamental-Grundsäze der kaufmännischen Handlungs- und Schiffahrtsrechte neutraler Völker auf das genaueste zu bestimmen, sondern auch vorzüglich mit dadurch, daß sie bewafnet ist, allen Beunruhigungen der kriegführenden Mächte, womit sie dem Handel beschwehrlich fallen könnten, zuvor zu kommen.

Diese Beispiele mögen hinreichend seyn, zu beweisen, daß die von mir behauptete Existenz der auswärtigen Polizei kein Hirngespinst sei. Alle tragen das Gepräg der Polizei an sich, indem keines davon dahin abzielet, unsere Rechte gegen andere Nationen festzusezen, zu erweitern, neue Vortheile von denselben zur Unterstüzung, Erleichterung und Beförderung unsers Handels und unserer Gewerbe zu erhalten, bereits erfolgten Eingriffen in unsere gerechte Forderungen mit Gewalt der Waffen Einhalt zu thun, und alles auf den alten Fuß wiederum zurück zu bringen; sondern alle als wohl überdachte Mittel zu betrachten sind, deren sich der einheimische Staat bedient, jeden widrigen Anschlag, den der Fremde zur Kränkung unserer Rechte fassen könnte oder wollte, entweder in der Geburt zu ersticken, oder die zu wagende Ausführung desselben zu erschweren, oder dem bereits beschlossenen Ausbruch der Beleidigung noch zu rechter Zeit zuvorzukommen.

Man ist auch, besonders in neuern Zeiten, so sehr von der Wichtigkeit dieser Polizei überzeugt, daß man bei Friedensschlüssen sowohl, als bei Handlungstraktaten es so leicht nicht mehr übersieht, sich die Mittel auszubedingen, wodurch uns die Ausübung derselben gegen Fremde erleichtert wird. Ein auffallendes Beispiel hievon haben wir in der Friedens-Convention, die am 27 Oct. 1787 zwischen Grosbrittanien und Frankreich abgeschlossen worden ist. Beide Theile kamen nicht blos darin überein, daß die Rüstung, und überhaupt alle Kriegsanstalten, die bei Gelegenheit der Holländischen Unruhen von ihnen gemacht worden sind, an beiden Seiten aufhören, und die Flotten wieder auf den Fuß, wie es in Friedenszeiten gebräuchlich, und am 1ten Januar bemeldten Jahres gefunden, gebracht werden sollen; sondern sie hielten sich auch aus, Commissären abordnen zu dürfen, die als Augenzeugen bei der wirklichen Ausführung desselben gegenwärtig wären. Ohnerachtet beide Mächte zum Beweise ihres wechselseitigen Zutrauens auf ihr gegebenes Wort diesmalen keinen Gebrauch von diesem eingeräumten Rechte gemacht haben; so siehet man doch daraus, daß man die Polizei bei diesem so wichtigen Geschäfte nicht vergessen habe. — Eben diese Vorsicht treffen wir auch in allen neuen Handlungstraktaten an, wo man es nicht blos dabei bewenden läßt, die Vorrechte des auswärtigen Handels zu bestimmen, sondern sich auch zugleich der Mittel versichert, wodurch uns die Handhabung derselben möglich gemacht wird, und es ist allemal ein grober Fehler der Unterhändler, die leichtsinnig diesen lezten Punkt aus dem Auge verlieren.

So sehr es sich ein jeder Staat angelegen seyn läßt, die Polizei, es sei mit Begünstigung, oder heimlich, auf fremdem Boden auszuüben, und so wenig in dieser Rücksicht Kosten gescheuet werden; so sehr sträubt sich doch ein jeder, dieselbe auf dem seinigen zuzulassen: Kein Wunder, da die auswärtige Polizei sowohl in ältern als neuern Zeiten sich nur gar zu oft dazu hat mißbrauchen lassen, die schändlichsten Absichten durch Anwendung der niederträchtigsten Mittel zu erreichen. Sollte man sich nicht vor ihr fürchten, wenn sie den Saamen der Zwietracht in fremden Staaten ausstreuet, der, wenn er Wurzeln schiesset, nicht blos schwächet, sondern ganze Nationen in unwidertreibliches Unglück stürzet? Es sei ferne von mir, diesen üblen Ruf von ihr abzulehnen, den sie sich zu ihrer Erniedrigung zugezogen hat. Dieses unedle Verfahren ist ihr aber auch nicht wesentlich, sondern es verdient mit Recht allgemeine Verachtung und Abscheu. Aber auch dann, wenn man keine unerlaubte Kunstgriffe von ihr zu befürchten hat, wird sie nicht so leicht auf fremdem Boden gestattet. Die Türken haben zwar den Russen in dem lezten Frieden obgleich mit vielem Widerwillen, die freie Handlung auf dem schwarzen Meere zugestanden, aber es hat auch unendliche Mühe gekostet, ihnen die Erlaubniß abzunöthigen, Russische Consuln in ihren Handlungsplätzen anstellen zu dürfen. In dem lezten Schiffahrts= und Handlungstraktat zwischen Frankreich und Rußland sind diese Mächte unter andern auch darin übereingekommen, daß, wenn einer der contrahirenden Theile mit andern Staaten im Kriege befangen wäre, die Unterthanen der andern contrahirenden Macht nichts desto weniger ihre Schiffahrt und Handlung mit eben diesen fortsezen sollen, wenn sie sich nur verbinden, sie mit keinen Effekten zu versehen, die für Contrebande geachtet werden, und die in einem besondern Artikel unter dem Namen der Kriegscontrebande näher bestimmt sind. Allein wie sehr haben sie sich von beiden Seiten in Absicht dieses lezten Punkts die Ausübung der Polizei zur Verhütung des Unterschleifes beschränkt! Denn nur in dem Falle, wenn die Kriegsschiffe des im Krieg verwickelten Bundsgenossen, die den Unterthanen der andern contrahirenden, aber neutral bleibenden Macht gehörigen Kauffartheischiffe, ohne Bedeckung an den Küsten oder im freien Meere finden, ist es ihnen zugestanden, dieselben durchzusuchen; im Falle aber, da diese Kauffartheischiffe von einem oder mehrern Kriegsschiffen begleitet sind, soll die blose Erklärung des kommandirenden Officiers der Bedeckung, daß besagte Schiffe keine Kriegs= contrebande am Bord haben, hinreichend seyn, um keine Durchsuchung Statt finden zu lassen. Man würde sich aber sehr betrügen, wenn man glaubte, daß die gestattete Durchsuchung im er= sten Falle viel auf sich habe: denn die Komman= deur der Kriegsschiffe dürfen keine andere Beglau= bigung von den Kauffahrern verlangen, als ihre Pässe und Seebriefe, welche das Eigenthum und die Ladung der Kauffartheischiffe darthun. Kei= ne Kisten, Koffern, Felleisen, Ballen oder Ton= nen dürfen geöfnet werden. Wenn es also die neutrale Macht selbst für gut findet, die Feinde seines Bundsgenossen mit Kriegscontrebande zu unterstüzen; so ist dadurch dem kriegführenden Theile das Mittel benommen, sich von der Bunds= brüchigkeit des andern zu überzeugen, und ihr

L 5

dadurch vorzubeugen.— Wie schwer es den Engländern angekommen seyn muß, in ihrem lezten Commerztractat mit Frankreich sich gleichen Grundsäzen zu unterwerfen, läßt sich leicht denken, da es eigentlich die Grundsäze der sogenannten bewafneten Neutralität sind, die hauptsächlich dem Sisteme der Engländer, das sie während des lezten Nordamerikanischen Kriegs so standhaft durchzusezen getrachtet hatten, schnurstracks entgegen laufen, und deren Befolgung ihnen vorzüglich im Kriege zur Last fallen muß.

Es ließ sich noch vieles über die auswärtige Polizei sagen, wenn es meine Absicht wäre, das ganze Sistem derselben zu liefern. Allein da ich nur die Existenz derselben durch einige einleuchtende Beispiele darzuthun auf mich genommen habe, so breche ich hiemit ab, und wende mich zur Polizei der innern Angelegenheiten. Wenn es mir gelungen wäre, meine Leser durch das, was ich bisher gesagt habe, zu überzeugen, daß die Polizei auch da vorhanden ist, wo sie eben nicht unter dem eigenen Namen derselben erscheinet, ihrem Wesen nach aber da ist; so schmeichle ich mir noch vielmehr mit der Hoffnung, daß sie sie in allen Theilen der innern Staatsverwaltung eben so wenig verkennen werden.

Polizei der innern Angelegenheiten.

Wenn wir die Polizei nicht allemal bei jedem Gegenstande der äußern Angelegenheiten antreffen, so liegt die Schuld nicht so sehr an ihr, als vielmehr an den auswärtigen Mächten, die ihr keinen Plaz auf ihrem Gebiete einräumen wollen. Desto ungebundner sind hingegen die Hände des Regenten, sie bei allen innern Angelegenheiten, die die Sicherheit und den Wohlstand seiner Unterthanen betreffen, mitwürken, und über der Beobachtung der Geseze, die zu dieser Absicht gegeben sind, wachen zu lassen. Aber auch dann, wenn ihr auf fremden Boden das ausgedehnteste Recht zugestanden wäre, so könnte sich doch ihre Wirkung nicht weiter erstrecken, als so weit ihr Auge reicht. Ganz anders verhält es sich mit der einheimischen Polizei; sie kann solche Anstalten treffen, die der Uebertrettung der Geseze auch so gar in solchen Fällen zuvor kommen, wo es ihr unmöglich gewesen wäre, durch ihre Gegenwart abzuschrecken. Sie kann durch Religion, Erziehung und Aufklärung einen solchen Grund bei ihren Bürgern legen, daß, wenn sie auch ungesehen eine gesezwidrige Handlung unternehmen könnten, sie zu sehr von der Nothwendigkeit ihres Gehorsams gegen die Geseze überzeugt sind, als daß die bloße Furcht vor zeitlicher Strafe sie davon abhalten sollte. Allein da Religion, Erziehung und Aufklärung nicht in jedem Falle mächtig genug auf das Herz wirken; so läßt es die Polizei bei diesen allgemeinen Mitteln, die sonst auf die Folgsamkeit überhaupt einen Einfluß haben würden, nicht bewenden; sondern sie gehet den ganzen Umfang der Geseze durch, und sezt der möglichen Uebertrettung derselben die dienlichsten Hindernisse entgegen. So begleitet sie 1) die Justiz; und in dieser Rücksicht nenne ich sie die Justiz-Polizei, oder auch die Polizei der innern Sicherheit.

Justiz-Polizei.

Die erste Sorge der innern Staatsverwaltung gehet dahin, daß niemand im Besiz des Seinigen und im Genuß seiner bürgerlichen Rechte und Freiheit von seinem Mitbürger gekränkt werde. Diese innerliche Sicherheit ist die Grundlage des Glückes der bürgerlichen Gesellschaften; ohne sie wäre an keinen Wohlstand zu denken. Beide die Justiz und die Polizei sezen es sich zur Absicht, diese innere Ruhe und Sicherheit ihren Bürgern zu verschaffen, nur mit dem Unterschiede, daß der Zweck des Justizwesens dahin gehet, bereits entstandene Streitigkeiten zu tilgen, und die Verbrecher zu bestrafen, die Polizei es aber sich zur Angelegenheit macht, jeder Beleidigung zuvor zu kommen, und wenn sie ihrer Bemühung ohngeachtet dieselbe nicht hat verhüten können, den Verbrecher in die Hände der Justiz zur Bestrafung auszuliefern. Damit aber die Justiz bei der Entscheidung der Streitigkeiten selbst keine Ungerechtigkeit begehe, so muß sie vor allen Dingen die Rechte und Verbindlichkeiten der Unterthanen gegen einander dergestalt genau bestimmen, daß ein jeder die Grenzen seiner Schuldigkeit und seiner Freiheit hinlänglich wisse. Sie muß folglich durch deutlich abgefaßte Geseze ein für allemal fest stellen, was in Ansehung der Personen, der Habe und Güter, der Verträge und Contracten, der häuslichen Gesellschaften und Erbfolge unter den Unterthanen allgemeinen Rechtens seyn soll. Sie muß ferner mit der größten Behutsamkeit die Rechtspflege so einrichten, daß die Streitigkeiten, die wirklich über Mein und Dein entstehen, auf eine Art getilget werden, die mit den Gesezen völlig übereinstimmet, und sonderlich daß bei Verbrechen der Unschuldige mit dem Schuldigen nicht verwechselt werde, und doch auch der Schuldige nicht ungestraft bleibe.

Die Polizei nimmt nun die von der Gerechtigkeit ertheilte Geseze zur Richtung ihres Verfahrens, und macht theils Anstalten, theils untergeordnete Geseze, wodurch die Uebertrettung derselben erschweret oder gehindert wird. Sagt das Gesez: du sollst den Körper deines Nächsten nicht verlezen, noch vielweniger ihn tödten, so findet sich die Polizei bei allen Gelegenheiten ein, wo leicht Händel entstehen können — sie verbietet denen Waffen zu tragen, bei denen man einen Mißbrauch derselben zu befürchten hat — sie schränkt den Verkauf des Gifts nur auf diejenigen ein, von deren erlaubten Anwendung man sich versichert halten kann — sie entfernt von ihren Grenzen alle, die sich nicht durch Päsſe oder andere Documente gegen allen Verdacht schüzen können — sie läßt keine Hauptstraſſen durch dichte Waldungen gehen, oder wenn dieſes unvermeidlich iſt, so läßt ſie an den gefährlichſten Orten fleißig patrouilliren — ſie verbietet die Trunkenheit, die hizige Leidenſchaften erregen könnte u. ſ. w. — Sagt das Geſez: du ſollſt nicht ſtehlen; ſo beleuchtet die Polizei des Nachts die Städte, damit die Dunkelheit den Diebſtahl nicht begünſtige — ſie unterhält Wächter, die alle Straſſen durchgehen — ſie ſtellt Schüzen auf dem

Grenzen der Polizei zu bestimmen. 175

platten Lande an — sie verbietet die Verfertigung von Brecheisen und ihren Verkauf an verdächtige Personen — sie rechnet einem jeden nach, ob er aus seinem Gewerbe seinen Unterhalt finden könne, und wenn sie das Gegentheil vermuthet, so verfolgt sie ihn desto vorsichtiger auf allen seinen Gängen —. So verhält sich die Polizei auf eine ähnliche Weise in allen Fällen, wo ein Bürger durch den andern in seinen Rechten geschmälert werden könnte. Sie steuert den Betrug bei Kauf und Verkauf durch gesezliches Maas und Gewicht, das sie berichtigt — Sie stellt den Glaubiger gegen seinen Schuldner sicher durch ein wohleingerichtetes Hypothekenwesen — Sie sezt bei der Verlassenschaft des Verstorbenen seine abwesende Verwandten oder unmündige Kinder durch Inventarien gegen alle Verkümmerung in Sicherheit — Sie wendet allen Nachtheil, der dem Vermögen der Unmündigen zustossen könnte, durch gerichtliche Vormundschaft ab — Sie schüzet das schwache Geschlecht gegen alle Arten von Uebervortheilungen durch Beistände, die sie ihnen zugesellet — Der Hinterlist und dem Betrug bei Testamentserschleichungen beuget sie durch eine gehörige Anzahl von Zeugen vor — Doch ich würde nicht fertig werden, wenn ich alle die Fälle anführen wollte, wo die Polizei zur Handhabung der Sicherheit mitwirket. Auch so gar, wenn es ihr mißlungen ist, die Uebertrettung der Geseze zu verhüten, leistet sie nicht selten durch ihre Steckbriefe, und noch weit mehr durch ihre geheime Correspondenz, der Justiz den wichtigen Beistand, daß sie ihr wenigstens den Schuldigen zur Bestrafung ausliefert, und dadurch dem Laufe seiner Verbrechen ein Ende macht.

Mehrere von den Beispielen, die ich hier auf Rechnung der Polizei geschrieben habe, hätte man vielleicht eher unter der Rubrik der Justiz gesucht. Allein das Eigenthümliche der Polizei, wodurch sie sich von allen andern Staatsgeschäften unterscheidet, macht sie sogleich kennbar, wenn sie auch noch so sehr unter andere Arten von Geschäften vermischet ist. Es kommt bei dieser Nachspührung nicht auf den Titel desjenigen, der sie verwaltet, sondern auf die Sache selbst an.

Eben so wenig wird man sich aber auch verführen lassen, einem Geschäfte sogleich einen Plaz unter der Polizei einzuräumen, weil es sich den Namen derselben anmaßet. Dieß ist der Fall mit der sogenannten **Gewerbpolizei**, worüber ich mich unter dem Titel der **Staatswirthschaftlichen Polizei** näher erklären werde.

Staats-

Staatswirthschaftliche Polizei.

Der Wohlstand, der nur in bürgerlichen Gesellschaften im höchsten Grade erhalten werden kann, und den Hauptzweck ihrer Stiftung ausmachet — dieser Wohlstand, wornach der Bürger so sehr trachte weil er ihn glücklich macht, und der dem Despoten blos deswegen behaget, weil er zur Sättigung seiner wollüstigen oder herrschsüchtigen Leidenschaften seine Casse füllt, der aber nur durch solche Regenten erhalten werden kann, die als Väter des Vaterlands in der Beglückung ihrer Unterthanen ihr eigenes Glück suchen — dieser Wohlstand — soll er den Thron unmittelbar beschäftigen — oder soll er blos ein Gegenstand der Polizei seyn? dies ist eine Frage, die bis jezo weder in der Theorie noch in der Praxis allgemein entschieden ist. Mich deucht, die stolze Dummheit, die auf dem Throne sizt, die die dreiste Gabe ins Creuz und in die Quere Befehle zu ertheilen und die Kunst zu regieren für einerlei hält, verabscheut einen Gegenstand, der das Befehlen so selten verträgt, und die unkluge Ordres mit dem unglücklichen Ausgange der Sache schimpflich bestrafet — und der Gelehrte, der nur gar zu oft mit dem Strohme schwimmet, scheint vielleicht deswegen das ganze Geschäfte auf die

Polizei zu schieben, weil es doch dabei nichts zu hängen und zu rädern giebt. Ich will die Sache ohne Vorurtheil betrachten.

Der Wohlstand des Volks hängt davon ab, daß ein jeder, der seine Kräfte und sein Vermögen anwenden will, nach seinem Geschmacke Gelegenheit finde sich zu beschäftigen, und durch diese Beschäftigung sein Auskommen zu erwerben. Je stärker die Anzahl der Einwohner in einem Staate zunimmt, desto verwickelter wird die Sache für die Regierung, aber niemalen wird sie dies in Verlegenheit sezen, wenn sie einem jeden seinen gehörigen Standort anzuweisen weiß, wo seine Dienste oder Arbeit gesucht, und wenn sie die Geschicklichkeit und den Fleiß eines jeden auf die schicklichste Art anzuspornen weiß, wodurch sich seine Dienste und Arbeit denen, die davon Gebrauch machen wollen, vorzüglich empfehlen. Geschicklichkeit und Fleiß vertragen aber ihrer Natur nach keinen Zwang: denn wo wollte man einen Maaßstab hernehmen, um den Grad abzumessen, der dabei versäumet worden, und wie wollte man bei Ermangelung dessen dennoch eine verhältnißmäßige Strafe zuerkennen? Was der Zwang in diesem Falle versagt, leistet die Erregung des Eigennuzes durch Belohnung desto abſichtlicher. Die Hoffnung des Preiſes reizet alle, denſelben zu verdienen, und wenn nur wenige ihn erhalten, ſo hat er doch auf alle die Wirkung gethan, daß ein jeder in ſeiner Art ſeinen größten Fleiß und Geſchicklichkeit ins Werk geſezt habe. Heißt benn dies aber nicht regieren, wenn man durch die der Sache am angemeſſenſten Mittel die Handlungen der Bürger dahin leitet, wohin es die Abſicht des Staats erfordert?

Ganz anders aber verhält ſich die Sache, wenn jemand ſein Gewerb auf eine Art ausdehnen wollte, daß eine ganze Claſſe ſeiner Mitbürger dadurch auſſer Brod geſezt würde, oder wenn jemand ein ſolches Gewerb unternehmen wollte, das dem Staate ſeiner Natur nach nachtheilig wäre, oder wenn jemand durch Betrug andere hintergehen wollte, das nicht ihm blos ſeine Kunden verſchlagen, ſondern einen üblen Ruf auf die Gewerbe eines ganzen Landes verbreiten, und ihren Abſaz hemmen könnte. Hier iſt der Fall vorhanden, wo der Staat durch verbietende Geſeze, die zu ihrer Vollſtreckung dem Uebertretter Strafe drohen, das gemeinſchaftliche Wohl zu erhalten ſuchen muß. So bald nun Geſeze vorgeſchrieben ſind; ſo muß dem Staate zu viel an der Erfüllung derſelben gelegen ſeyn, als daß er nicht die Polizei zur Verhütung ihrer Uebertretung zu Hülfe rufen sollte, — und so ist denn bei den Gewerben die **Gewerbpolizei** entstanden, die sich also nicht mit allem, was der Staat in Absicht der Gewerbe zu besorgen hat, abgiebt; sondern diesen weitläufigen Gegenstand mit der Sorge des **Staatswirths** theilt auf die nemliche Art, wie die Justiz und ihre Polizei gemeinschaftlich für die innere Sicherheit bemüht sind. So verordnet z. B. der Staatswirth, um den innländischen Fabrikanten mit seiner Waare bei Ehre zu erhalten, daß die Tücher, die bei der Walke ohngefehr den dritten Theil von ihrem Ellenmaße verlieren, nicht stärker über den Rahmen gespannt werden dürfen, als daß ohngefehr der zwanzigste, oder höchstens der fünfzehnde Theil von dem, was in der Walkmühle eingegangen ist, wieder herausgedehnt werde. Die Manufakturaufseher und die Beschauanstalt aber wachen über die Befolgung dieses Reglements. — So verbietet der Staatswirth zur Beförderung der innländischen Manufakturen die Einfuhr gewisser ausländischer ähnlichen Waaren; und die Polizei verhindert durch ihre Anstalt den Schleichhandel derselben 4).

---

4) Ich habe mich bei Bestimmung der Grenzen

Habe ich der Gewerbpolizei durch das, was ich vorher gesagt habe, das sich so weit erstreckende Geschäfte der ganzen Staatswirthschaft abgesprochen; so werde ich dagegen der Polizei überhaupt ein neues Feld in der Finanz einräumen.

Finanzpolizei.

Die Bedürfnisse des Staats haben sich in unsern Zeiten sehr vervielfältigt, und erfordern zu ihrer Befriedigung einen ansehnlichen Beitrag aus dem Privatvermögen der Bürger unter dem allgemeinen Namen der Steuern. Dafür erkauft sich der Bürger Ruhe, Sicherheit, Gemächlichkeit und Erleichterung in seinem Gewerbe, die Hoffnung eines ansehnlichen Gewinns aus seinen Beschäftigungen, Bequemlichkeit in jeder Art des Genusses, die ihm entweder unmittelbar oder mittelbar zu Theil werden — kurz, keine seiner Ausgaben rentirt sich reichlicher für ihn, als eben diese, die der Staat in seinem Namen und auf seine Rechnung macht. Es sei nun, daß sich die Anwendung derselben zu seinem Nutzen zu sehr

---

zwischen der Staatswirthschaft und der Gewerbpolizei etwas kurz gefaßt, weil ihre Erörterung eine eigene Abhandlung verdient, die ich auf eine andere Gelegenheit verspare.

vor seinen Augen verbirgt, oder daß er auf Kosten seiner Mitbürger gleiche Vortheile erwartet, wenn er sich gleich seiner schuldigen Abgabe entziehet — genug, in keinem Falle wird der Staat so vielfältig von seinen Bürgern hintergangen, als bei der Entrichtung der Auflagen. Aber eben dies macht den Beistand der Polizei bei der Finanz so nothwendig, daß man oft blos deswegen eine Gattung von Steuern verwerfen muß, weil entweder die Polizei sich nicht wohl oder gar nicht dabei anbringen läßt, oder weil die Unterstüzung der Polizei die Vehebungskosten zu sehr erschweren würde. Die Erinnerung an die Vermögensteuer und Generalaccise mögen diese Sache als Beispiele bestättigen. Unterdessen finden wir die Polizei bei allen Arten von Steuern in der Praxis. Wie künstlich ist nicht die Polizei bei der Nürnberger Losung, wovon uns Bergius die genaueste Nachricht ertheilt? Wer kennt nicht die Menge der Polizeibedienten auch so gar bei der besondern Verzehrungssteuer, um den Entrichtenden den Unterschleif zu erschweren? So hat sich die Polizei z. B. bei dem Weinzehenden ihre Aufsicht dadurch erleichtert, daß die Weinlese, wiewohl öfters zum Nachtheile des Weins, zu gleicher Zeit und quartierweise angefangen und vollendet werden muß u. f. w. Dennoch reicht ihr Aug nicht weit genug, alle Schliche der List und des Betrugs, den der erfinderische Eigennuz der Entrichtenden zu spielen weiß, zu entdecken. Dies hat vermuthlich die Französische Regierung zuerst auf den Einfall gebracht, hauptsächlich bei dem Eingange ihrer Finanzedikten die Gemüther der Beitragspflichtigen, durch Ueberredung von der Nothwendigkeit und dem Nuzen der neuen Auflagen, zur treuen Erfüllung derselben vorzubereiten; und dies führt mich auf die Polizei der Gesezgebung.

Polizei der Gesezgebung.

Die Ursache, warum die Geseze so oft übertreten werden, liegt nicht allemal in der Bosheit des Bürgers; sondern in vielen Fällen ist die Schuld auf Seiten des Gesezgebers. Entweder werden die Geseze nicht auf eine solche Art bekannt gemacht, daß sie zu jedermanns Ohren gelangen; oder sie werden so dunkel und vieldeutig abgefaßt, daß der Bereitwilligste ohne Arg dem eigentlichen Willen des Gesezgebers zuwider handelt; oder sie führen so wenig das Gepräg der Nothwendigkeit und der Nüzlichkeit mit sich, daß sie nicht mit dem gehörigen Nachdruck auf den Gehorsam des Pflichtigen wirken; oder dieser ist schon mehr als einmal durch Geseze hintergangen worden, und hat in der Ausübung derselben seinen Nachtheil gefunden. Die Polizei, die jeden Anlaß zu gesezwidrigen Handlungen abzuwenden suchen muß, schließt sich deswegen schon an die Gesezgebung mit an. So bald die übrigen Departemens den Stof zu den Gesezen hergegeben haben, giebt sie dem Ausdrucke derselben eine solche Bestimmtheit, Klarheit und Faßlichkeit, daß über den wahren Sinn derselben kein Zweifel bei dem Gutgesinnten entstehen, noch vielweniger aus der Vieldeutigkeit derselben eine zufällige, aber unschuldige Uebertretung erfolgen könne. Sie begleitet dieselben mit Gründen, die einen jeden überzeugen, daß auf deren Beobachtung sein eigen Wohl beruhe, und hingegen mit ihrer Verlezung, wenn er auch gleich der willkührlichen Strafe zu entgehen wüßte, ein unausbleiblicher Nachtheil verbunden gehe. Auch alsdann, wenn es manchmal nicht rathsam ist, den wahren Grund der Geseze anzugeben, weiß sie einen gewissen Ton des Wohlwollens, der väterlichen Vorsorge und der reifen Ueberlegung anzunehmen, wodurch sich die Geseze von selbst empfehlen und Vertrauen erregen. Auf diese

Art bleibt der Polizei nichts mehr übrig, als nur durch eine gehörige Bekanntmachung derselben ihrer Uebertretung, in so ferne sie ihren einigen Grund in der Unwissenheit haben könnte, zuvorzukommen.

Aber auch um der Uebelgesinnten willen mischt sich die Polizei schon in die Gesezgebung mit ein, und bereitet sich durch gutgewählte Strafen, von denen sie sich die kräftigste Wirkung auf das Herz des Menschen zu versprechen hat, den Weg zur frühzeitigen Abhaltung vom Ungehorsam gegen die Geseze: sie bestraft den Geizigen nicht mit Beschimpfung, sondern um Geld.

Wenn nun die Polizei schon bei der Gesezgebung selbst ihre Masregeln auf eine Art nimmt, die ihr zum voraus, auch wenn sie nicht überall gegenwärtig seyn kann, eine freiwillige Befolgung der Geseze verspricht; so nenne ich sie die Polizei der Gesezgebung, bei der ich mich deswegen nicht länger aufhalte, weil sie Herr von Sonnenfels, der Sache nach, in mehreren Abschnitten seiner Polizei ganz vortrefflich abgehandelt hat. Nur kann ich ihm nicht beistimmen, wenn er um der großen Mitwirkung bei der Gesezgebung willen die Polizei selbst Gesezgebung nennet, da man doch allemal einen Unterschied machen muß zwischen der Erfindung des

M 5

Stofs der Geseze, und der Art und Weise, diesen Stof zum erwünschten Eindrucke auf deren Befolgung gehörig einzukleiden. Jenes ist das Werk der übrigen Departemens; dieses ist die Sache der Polizei.

Nur erinnere ich noch, daß man die Polizei der Gesezgebung nicht mit der Gesezgebung der Polizei verwechseln müsse. Die Polizei hat nemlich auch ihren eigenen Kreiß der Gesezgebung, der, wie ich im vorhergehenden gezeigt habe, durch die Mittel, die die übrigen Departemens zur Erreichung des gemeinschaftlichen Wohls festgesezt haben, eingeschränkt wird. Diese Mittel werden der Zweck der Polizei. Was sie nun zur Erreichung dieses untergeordneten Endzwecks verordnet, das ist der Stof ihrer Geseze, und ihre Einkleidung kommt einzig und allein von ihr; und in dieser Rucksicht, weil sie keinen fremden Stof, der ihr von den übrigen Departemens dargereicht wird, zur Anempfehlung bearbeitet, ist sie selbst Gesezgeberin.

Beamten-Polizei.

Man sollte denken, wenn von allen Seiten her dafür gesorgt ist, daß ein jeder Bürger die Geseze erfülle, so müßten sie alle glücklich seyn.

Allein wie oft wird nicht dieses Glück, das er als eine Belohnung seines Gehorsams mit Recht erwartet, gerade durch diejenigen gestöret, die von dem Regenten dazu bestellt sind, den Grund dazu durch die Geseszgebung zu legen, oder durch die Handhabung und richtige Anwendung der Geseze einen jeden in seinen Rechten und Freiheiten zu schüzen. Wie oft werden nicht von den Dienern des Staats Verordnungen und Geseze erschlichen, die geradezu ihre boshafte Absicht unterstüzen, diesen oder jenen dadurch zu drücken! Wie oft erkauft sich nicht der Bösewicht von einem bestechlichen Richter ein falsches Urtheil, und triumphirt mit höllischer Freude über den Gerechten, der einfältig genug war, sich auf den Schuz der Geseze zu verlassen! Wie oft werden nicht die Schäze, die nicht selten aus dem Schweiße der Unterthanen gesammelt sind, von denjenigen verpraßt, denen das wichtige Amt anvertraut ist, sie zum Wohl des Ganzen zu verwenden, oder wie oft wird dem Bürger ein größerer Beitrag abgefordert, als die Weisung der Einnehmer lautet! Sogar die Polizeibeamten, die über der Erfüllung der Geseze wachen sollten, begünstigen die Uebertrettung derselben, und verschaffen sich dadurch ansehnliche Renten, daß sie gedungen zur

Rechten sehen, wenn der Bösewicht zu ihrer Linken sündigt. Eine gute Polizei ist das Einzige, was dieses verderbliche Uebel mildern kann.

Die Chineser sind uns Europäern in diesem Stücke zuvor gekommen. Es werden alle 2 oder 3 Jahre wohlbemittelte und vom Hofe wohlbezahlte, folglich unbestechbare Kommissärs in die Provinzen abgeschickt, um das Betragen der Mandarins zu untersuchen, und sie im Falle einer schlechten Verwaltung abzusezen. Auch die Zeitungen, die täglich zu Peking gedruckt, und durch alle Provinzen verbreitet werden, dienen dazu, die Mandarins und Statthalter im Zaume zu halten. In diesen Zeitungen werden unter andern Staatsbegebenheiten auch die Fehler und Ungerechtigkeiten der Mandarins, ihre Bestrafung, die rühmliche Verwaltung derer, die nach den Gesezen ihrem Amte vorstehen u. s. w. öffentlich bekannt gemacht. — Doch treffen wir auch in Europa, in dem einen Lande weniger, in dem andern mehrere Einrichtungen an, die zu gleichem Zwecke abzielen. So haben wir z. B. in England die Zeitungen, deren Absicht noch weiter gehet, als die der Chinesischen, und die mit Recht eine Schuzwehr gegen jede Ungerechtigkeit, sie mag herkommen, von wem sie wolle, genannt werden kann. — So finden wir in Holland die vortrefflichsten Anstalten, der Partheilichkeit und Bestechung der Richter zuvorzukommen. So bald jemand ein Richteramt antritt, muß er allen Geschenken ohne Unterschied für immer entsagen, und wenn sie auch aus den Händen solcher kämen, die nicht die geringste Vermuthung, daß sie je in einen Prozeß verwickelt werden würden, für sich haben. Einem Richter ist nicht blos untersagt, in der Sache seines auch entferntesten Anverwandten zu sprechen, sondern auch dann, wenn er mit einem von den streitenden Partheien etlichemal in Gesellschaft gewesen ist, hat die Gegenparthie das Recht, einen andern Richter zu fordern. — Doch finden wir im Allgemeinen keine bessere Polizeianstalten, als die dem Betrug der Finanzverwalter entgegengesezt sind — (Man kann leicht errathen — warum?) Da darf der Einnehmer von Wein und Früchten nicht mit Wein und Früchten handeln — Ueberall finden wir Controle und Revision — Der Caßirer muß Caution stellen, oder wenn sein Vermögen der Summe seiner Einnahme nicht entspricht, so wird seine Casse hinter mehrern aber verschiedenen Schlössern verschlossen, und die verschiedenen Schlüssel unter mehrere Hände vertheilt, damit die Casse nur in Gesellschaft von mehrern geöfnet werden könne u. s. w.

So vorsichtig die Beamtenpolizei bei der Finanz zu Werke gehet, so ungern vermisse ich sie in den meisten Ländern bei der Polizei selbst, wo sie doch gewiß zum Besten des Ganzen nicht weniger unentbehrlich ist.

So wichtig eine gute Beamtenpolizei für das Wohl eines jeden Staats ist, so ist sie doch noch weit wichtiger in Absicht der Regenten, die von ihrem Thun und Lassen keinem Menschen Rechenschaft zu geben verbunden sind.

Regentenpolizei.

Wenn Geschichte und Erfahrung nicht mehr als einmal das Gegentheil bewiesen hätten; so müßte man es gewiß jedem denkenden Kopfe verzeihen, wenn er Regent und doch nicht Vater des Vaterlandes zu seyn für einen offenbaren Widerspruch hielte. Allein so müssen wir unsere Vernunft unter den Gehorsam der Erfahrung beugen, und in der Stille klagen, daß alles in dieser Welt möglich sei. Ich könnte zwar, um dieses Räthsel aufzulösen, sagen, daß die Regenten Menschen sind, wie wir — daß sie Leidenschaften und Begierden haben, wie wir — daß ihre Einsichten eben so stufenweise unter sie vertheilt sind, wie unter uns — daß es unter ihnen Schwache gebe, wie unter uns — Aber wenn ich bedenke, daß sie eben, weil sie Menschen sind, so eigennüzig sind wie wir—; dann kann ich nicht begreifen, wie sie ihrem eigenen Interesse zuwider durch den Druck ihrer Unterthanen ihr Ansehen, ihren Reichthum und ihre Macht untergraben, da doch ihr ganzes Glück von dem Wohlstande ihrer Unterthanen einzig und allein abhängt. Wenn ich bedenke, daß sie eben, weil sie Menschen sind, auch eben so wohlthätig sind, wie wir — dann kann ich nicht begreifen, wie sie, da keine Hinderniß sich dem Zuge dieses edlen Triebs entgegensezen darf, sich selbst die reine Wollust, Schöpfer des Glückes ihrer Unterthanen zu seyn, freiwillig entsagen mögen—Wenn ich bedenke, daß sie eben, weil sie Menschen sind, eben so wenig gleichgültig gegen das Urtheil anderer seyn können, wie wir — dann kann ich nicht begreifen, wie sie sich durch lächerliche, ungereimte, ungerechte, boshafte, grausame Handlungen, dem Spotte, der Verachtung, dem Abscheu, dem Fluche ihrer Zeitgenossen und der ganzen Nachwelt aussezen mögen? Doch, wo gerathe ich hin? Meine Absicht geht ja nicht dahin, den Grund aufzusuchen, warum es Wüteriche unter den Regenten gegeben habe, sondern durch Beispiele zu beweisen, daß, so wenig wir in unserm glücklichen Zeitalter, das durch die Wohlthätigsten Regenten vor allen Jahrhunderten sich auszeichnet, von ihnen zu befürchten haben, man doch noch heut zu Tage, wie in ältern Zeiten, aus alter Furcht ihren möglichen Ausschweifungen die Polizei entgegen zu sezen pflege.

Aus ältern Zeiten wird einem jeden einfallen, daß den **Egyptischen** Königen das ehrliche Begräbniß versagt wurde, wenn sie sich während ihrer Regierung der Verlezung ihrer Regenten-Pflichten schuldig gemacht hatten. — Von den **Chinesern** wird ihnen bekannt seyn, daß von den ältesten Zeiten her bis jezo alle Handlungen ihrer Kaiser, sie mögen gut oder schlecht seyn, zum ewigen Andenken in den Archiven aufbewahrt werden. — Unter der noch heut zu Tage in Europa bestehenden Regentenpolizei, übergehe ich die übertriebene und grausame der **Venetianer** gegen ihre Dogen und Mitglieder der Regierung, und wende mich vielmehr zu der feinen der **Engländer.** Der König von England ist in den Majestätsrechten eingeschränkt; das Recht über Krieg und Frieden zu entscheiden, so

wie

Grenzen der Polizei zu bestimmen.

wie die höchste vollziehende Macht in dem Lande, ist ihm allein vorbehalten. Die Gesezgebung aber ist zwischen ihm und den beiden Parlamentern getheilt, und das Unterhaus hat das vorzügliche Recht, die Geldverwilligungen zu bestimmen. Dadurch glauben die Engländer ein solches Gleichgewicht unter den Theilhabenden an der Regierung getroffen zu haben, daß sie sich schmeicheln, ihre Grundverfassung werde unzerrüttbar seyn. Doch haben sie aus Vorsicht dem Könige einige Polizeianstalten entgegengesezt, wodurch sie zu verhüten suchen, daß nicht von seiner Seite dieses Gleichgewicht verrückt werde. — Im Frieden werden nicht mehr als 16. bis 18000. Mann zur Vertheilung in England zugestanden, weil der vom Regenten gelohnte Soldat nicht selten die Stüze des Despotismus ist. — Der Regent ist nicht strafbar, aber sein Minister muß für alle rechtswidrige Handlungen des Königs mit seinem Leben haften. — Den Krieg kann er nicht zu seiner Eroberungssucht mißbrauchen, weil er die Kosten desselben von dem Unterhause bewilliget erhalten muß. — Ein jeder Britte darf ohne Scheu sein Urtheil in und außer den Zeitungen über alle Staatshandlungen fällen, und was dergleichen Dinge mehr sind.

Der deutsche Fürstenbund, die lezte große Handlung Friedrichs des Einzigen, ist die neueste Polizeianstalt, um allen besorglichen Eingriffen des Kaisers in die Rechte der Reichsstände vorzubauen.

Endlich finde ich sogar in den uneingeschränktesten Monarchien die Regentenpolizei in der heutigen allgemein angenommenen Publicität, die, wenn sie nicht von unverschämten Federn gemißbraucht würde, die Regenten in den gehörigen Schranken halten könnte. Sie ist eigentlich die Geschichte der lebenden Regenten, und zeigt ihnen zum voraus, was sie für eine Rolle bei der Nachwelt spielen werden. Der lezte verstorbene König von Preußen, seiner großen Thaten gewiß, hat ihr keine Grenzen gesezt.

* * *

Wären es blos menschliche Handlungen, die die Polizei den Gesezen gemäß zu leiten oder zu hindern hätte; so hätten wir durch die verschiedenen Zweige, die wir bisher angegeben haben, den ganzen Umfang der Polizei bezeichnet. Allein es ist noch ein weit mächtigerer Feind übrig, den wir zu besiegen haben, wenn sich der Staat des Genusses seiner getroffenen Anstalten erfreuen soll; dieß ist die Natur selbst, die oft in ei=

nem Augenblick die wohlthätigsten Folgen weiser Maaßregeln vereitelt. Ihren Schlägen entweder zuvorzukommen, oder die Wunden, die sie uns zugefüget hat, weniger empfindlich zu machen, ist das Geschäft der **Polizei der Unglücksfällen**.

Ich habe im vorhergehenden, um mir die Grenzberichtigung der Polizei zu erleichtern, blos auf die freien Handlungen der Menschen Rücksicht genommen. Jezt, da ich auch die Zufälle mit unter die Gegenstände der Polizei gerechnet habe, läßt sich leicht der Begrif derselben allgemeiner machen, als ich ihn S. 210. des 3ten Bandes angegeben habe, wenn wir nemlich denjenigen Theil der Staatsverwaltung darunter verstehen, der sich damit abgiebt, allem was sich der Ausführung der Mittel, die der Staat zur Erreichung seines lezten Endzwecks als nothwendig erkannt hat, widersezt, die kräftigsten Hindernisse in den Weg zu legen und es, so viel es möglich, zur Uebereinstimmung mit den gewählten Mitteln geschickt zu machen.

Hiemit schliesse ich den 2ten Theil meiner Abhandlung. Aus den Grenzen, die ich der Polizei überhaupt angewiesen habe, sieht man, wie wichtig sie zur Beförderung des gemeinschaftlichen Wohls und der Glückseligkeit der Bürger ist? Wenn sie gleich in allen ihren Verrichtungen den übrigen Departements der Staatsverwaltung untergeordnet ist, so hängt doch von ihren klugen Anstalten allein die Ausführung alles dessen, was von ihnen zum Besten des Staats gut gefunden worden ist, ab. Der Staatsmann, der die auswärtigen Geschäfte zu besorgen hat, hat wenig gewonnen, wenn er sich von fremden Mächten die beträchtlichsten Vortheile ausbedungen, aber dabei versäumet hat, sich die Mittel vorzubehalten, die Polizei zu ihrer Erfüllung wirken zu lassen. Die besten, die weisesten Geseze verlieren ihren Werth und ihre wohlthätige Wirkung, wenn nicht zugleich dafür gesorgt ist, daß die Polizei über deren Beobachtung wache. Nur dann ist sie beschwerlich, nachtheilig und schädlich, wenn sie abgeschmackten, unvernünftigen oder ungerechten Gesezen ihre Dienste miethet.

Geschichte.

Geschichte
der Churpfälzischen Staatswirthschafts hohen Schule und der physikalisch-ökonomischen Gesellschaft bis zu Ende des Jahres 1788.

Seit dem Jahre 1779 hatte man es unterlassen, die Geschichte der hohen Schule sowohl als der physikalisch-ökonomischen Gesellschaft bekannt zu machen, da sich bei der ersteren keine wesentliche Veränderungen zugetragen, bei der lezteren dieselbe aber um so weniger möglich sind, da sie nicht nach dem Beispiele anderer gelehrten Gesellschaften Preisfragen aussezzet, seit mehreren Jahren sich entschlossen, die Zahl ihrer Mitglieder nicht zu vergrößern, selbst auch keine eigentliche sogenannte halbjährige öffentliche Sizzungen hält. Merkwürdiger waren die Veränderungen, die sich mit beiden seit dem Herbste 1784 zugetragen, wo sie nach Heidelberg übersezt worden sind. Verschiedene dadurch sich ereignete Veränderungen waren so beschaffen, daß man es vor das schicklichste hielt, die Geschichte derselben so lang auf sich beruhen zu lassen, bis man solche in einem kurzen Umrisse dem Publico mittheilen könnte.

Die Verlegung beider Instituten ward zwar vermöge Rescripts Seiner Churfürstl. Durchleucht den 9ten August 1784 beschlossen, und den 28ten des nemlichen Monats öffentlich bekannt gemacht, s. N. 1. selbige aber bis zur Beendigung sämtlicher Sommercollegien der hohen Schule verschoben. Wir theilen hier die darüber damals im Drucke erschienene, und von dem Direktor gedachter hohen Schule entworfene Nachricht an das Publicum mit, weil solche die wesentliche Punkte dieser Verlegung und Vereinigung mit dem uralten studio generali zu Heidelberg, so wie die Lage der Sache sich damals befand, enthält.

„Ueber den Nuzen der Staatswirthschaftl. Wissenschaften zu reden, wäre in unserem Jahrhundert eine vergebliche Arbeit, da ihre Wichtigkeit eine von den allgemein anerkannten Wahrheiten ist. Sie allein ist die Schöpferin der allgemeinen Glückseligkeit, indem sie die Nahrungsquellen richtig bezeichnet, die beste Methode sie wohl zu benuzen angiebt, und dadurch die engen Bande der wechselseitigen Glückseligkeit des Landesfürsten und der Unterthanen harmonisch knüpft.

So anerkannt seit Seckendorfs deutschem Fürstenstaate diese Wahrheiten sind, so muß man dennoch sagen, daß man vielleicht zu wenig bedacht war, diese Wissenschaft in demjenigen Umfange öffentlich vortragen zu lassen, wodurch allein den künftigen Staatsdienern richtige Theorien von derselben beigebracht werden können, und ohne welche sie nie in das würkliche Leben überzutragen ist. Gewöhnlich glaubte man, sie sey von so leichter Ueberficht, daß man sie gar wohl neben einer andern Hauptwissenschaft mit erlernen, und auch in Zukunft mit ausüben könne, oder man vermuthete, sie sey nur ein Gegenstand des Finanziers. Dieß leztere verursachte Seitenblicke, und man blieb in dem irrigen Wahne, man könne durch gründliche Erlernung derselben sein Glück in der Welt nicht weit bringen, indem sie höchstens den Weg zu einem Hofkammerrathe öfne. Hierzu trug nicht wenig der Name bei, mit dem man sie anfänglich benannte, und der vielleicht in den sächsischen Landen seinen Ursprung erhielt, wo man aber mit diesem Namen ganz andere Begriffe verband.

Die Staatswirthschaft ist eine Wissenschaft, die nur von den höchsten Landescollegien ausgeübt und zum allgemeinen Nuzzen angewandt wird. Sie ist allerdings dem Finanzier unentbehrlich, und das ganze Wesen seiner Wissenschaft beruhet auf derselben. Aber durch die Anwendung entsteht doch ein wesentlicher Unterschied. Denn der Finanzier benuzt sie vorzüglich zur Vermehrung und richtiger Verwaltung der fürstl. Einkünfte, und ob diese zwar wohl auf den Wohlstand der einzelnen Unterthanen sich gründet, so entstehen doch gar häufig einzelne Fälle, wo der Finanzier die Sache in einem ganz anderen Lichte als der Staatswirth betrachtet, dem die Pflichten für seinen Landesfürsten und für dessen Unterthanen gleich heilig seyn müssen. Ein Jüngling, der daher die Staatswirthschaft gründlich erlernet, und nun seine Dienste dem Staate widmen will, muß deswegen allerdings bei diesen Kameralbedienungen anfangen, weil sie ihm die richtigste Kenntniß des Landes, seiner innern Beschaffenheit, Stärke und Schwäche verschaft; aber es wäre ein würkliches Unglück sowohl für den Staat, als für den nun so ausgerüsteten Mann, wenn er mit richtigen Theorien und mit einer gründlichen Kenntniß der Landeslage seine Thätigkeit da begrenzen müßte, und nicht in höhere Landescollegien übergehen könnte, wo er sich erst dem Staate in seinem wahren Würkungskreise als ein brauchbarer Staatsdiener zeigen kann.

Seine jeztregierende Churfürstliche Durchlaucht von Pfalz-Baiern, Höchstwelche die Reihe ihrer ruhmwürdigen Regierungsjahren mit so mannigfaltigen großen Handlungen, merkwürdigen Stiftungen und edlen Thaten unsterblich bezeichnet haben, und in dessen Karakter Menschenliebe und wahres Wohlwollen die Hauptzüge sind, haben als eine Folge höchst dieser gnädigsten landesväterlichen Gesinnungen auch auf den systematischen Vortrag der Staatswirthschaftlichen Wissenschaften Ihr höchstes Augenmerk gerichtet, und in dem Herbste 1774 zu Lautern eine besondere hohe Schule errichten lassen, welche Sie nach und nach mit Lehrern besezzet, so wie der öffentliche Vortrag selbst es erheischte. Vielen war dieser besondere Standort einer solchen hohen Schule auffallend, und der größte Theil glaubte, es wäre dem Staate nüzlicher gewesen, sie gleich dem General Studio einzuverleiben. Aber diejenigen, die mit dem Laufe der menschlichen Dinge bekannt sind, die wissen, wie schwer es fällt, allgemeinen Meinungen, die weder durch ernstgemessene Befehle, noch durch die wärmsten patriotischen Wünsche sich abändern lassen, eine andere Richtung zu geben, fanden auch hierin den weisen Landesfürsten, der zwar selbst das Wahre und Gute lebhaft erkannte, diese Ueberzeugung aber niemand aufdringen, sondern jedem Zeit laſſen wollte, ſich ſelbſt *innigſt* und durch erprobte Erfahrungen zu *überführen*, wie nöthig es ſei, nicht aus der Reihe der Wiſſenſchaften einige einzelne Glieder herauszureiſſen, und ſie fehlerhaft für das Ganze anzuſehen, ſondern die Wiſſenſchaft in ihrem ganzen *ſyſtematiſchen* Umfange gründlich zu erlernen.

Anfänglich hatten auch ſowohl diejenigen, die mit der Aufſicht über dieſe hohe Schule, als *jene*, die mit dem Vortrage der Wiſſenſchaften beauftraget waren, mit mancherlei Schwürigkeiten zu kämpfen, indem einige nur die Grundſäzze des Ackerbaues, andere die Finanzwiſſenſchaft, die meiſten aber alles praktiſch erlernen wollten. Was ein Kameraliſt mit Phyſik, Naturgeſchichte, Chemie und Mechanik anfangen ſolle, das war oft Eltern und Zuhörern nicht recht begreiflich. Eben ſo unnöthig ſchienen vielen die Technologie, Handlungswiſſenſchaft, und die Grundgeſeze einer weiſen Regierung, da ſie ja weder ein Handwerk oder Handelſchaft je treiben, noch zu ſo ausſehenden Bedienungen ſich erheben wollten. Aber dieſe Gedenkungsart änderte ſich nach und nach, und mit Vergnügen nahm man wahr, daß nach Verlauf weniger Jahre die ſyſtematische Hörung der Wissenschaft ein wahres Bedürfniß ward. Auch darf man getrost und laut sagen, daß in diesem kurzen Zeitraume von 10 Jahren auf der hohen Schule zu Lautern Männer sind gebildet worden, die entweder schon wirklich in wichtigen Bedienungen angestellt sind, und der in sie gesezten Erwartung gänzlich entsprechen, oder die bereit sind, ihrem Vaterlande wichtige Dienste zu leisten. Viele Fürsten Deutschlandes, auch auswärtige Monarchen, haben ihre Landeskinder dem Unterrichte dieser hohen Schule anvertrauet, und danken es nun der weisen Einrichtung Karl Theodors, daß sie aus dieser höchsten Anstalt in der Verwaltung ihres Landes Nuzen schöpfen können.

Die Hauptabsicht, weswegen die hohe Schule auf einem besondern Orte errichtet geworden, ward also glücklich erreicht, und es ist seit langer Zeit niemand, der sie besucht hat, eingefallen, ein Kollegium dem andern vorzuziehen, oder den Nuzen des systematischen Vortrages zu mißkennen. Das Bedürfniß einer abgesonderten hohen Schule verminderte sich also täglich, hingegen traten andere Bedürfnisse ein, die die Vereinigung derselben mit der uralten Universität Heidelberg wünschenswerth machten. Dieß alles hier weitschichtig zu erzählen, wäre um so unnöthiger, da jeder, der mit dem Zustande einer hohen Schule bekannt ist, sich dieß alles leicht selbst denken kann. Seine Churfürstl. Durchleucht geruheten daher unter dem 28ten August dieses laufenden Jahres gnädigst zu befehlen, s. N. I. daß die bisherige Kameral hohe Schule nach Heidelberg versezt, und mit dasiger Universität vereinigt werden solle. Denjenigen, denen der bisherige Fortgang dieser hohen Schule nicht gleichgültig war, und man darf sagen, daß sie des allgemeinen Beifalles von Deutschland genossen, wird es angenehm seyn, zu erfahren, welcher wichtigen Vortheile diese hohe Schule durch diese Versezzung theilhaftig geworden, in so weit solche die Aufmerksamkeit des Publikums interessiren kann.

1) Ist der bisherige eingeschränkte und zu manchen Irrthümern Anlaß gebende Namen, **Kameral hohe Schule**, aufgehoben, und ihr der eigentliche wahre Namen, **Staatswirthschafts hohe Schule** beigelegt worden. Anfänglich war zwar schon die gnädigste Absicht, diesen ächten Namen der hohen Schule zu ertheilen; aber da diese Wissenschaft unter diesem Namen noch nicht, oder doch wenig bekannt war, so ward der bekannte, wiewohl unbestimmte Na-

men wie billig vorgezogen, um sich durch diesen Namen allgemein verständlich zu machen. Da aber diese Ursachen nun aufhören, so war es nothwendig, die Wissenschaft mit dem Namen zu bezeichnen, der ihren würdigen und allgemeinen Umfang gleich und sattsam bestimmt.

2) Sind die Lehrer dieser hohen Schule zwar nach den Tagen ihrer Anahmspatente der philosophischen Fakultät zu Heidelberg einverleibt worden, jedoch so, daß sie immer der Staatswirthschaftlichen hohen Schule eigen verbleiben. Seine Churfürstliche Durchlaucht hatten geruhet, gnädigst zu befehlen, sie jener Fakultät beizugesellen, zu welcher sie nach dem Umfange ihrer Lehren am schicklichsten geeignet wären, und da ward dann die philosophische Fakultät gewählt, weil der Rang nicht nach den von Jahren her festgesezten Meinungen, sondern in dem Werthe der Dinge selbst beruhet, und es überhaupt wünschenswerth wäre, wenn diese ehemalige Fakultäten-Einrichtungen, die auf vielen hohen Schulen an ihrer Achtung eingebüset, ganz außer der Mode kämen. Was ist jede Wissenschaft anders, als eine auf einen einzelnen Gegenstand angewandte Philosophie, und worin bestehen die so mannigfaltigen heutigen Verbesserungen der Wis-

senschaften anders als daß man sie philosophischer
vorträgt, von Meinungen reinigt, und sie richtiger und schärfer prüft.

3) Ist zwar nach hergebrachten akademischen
Freiheiten jedem akademischen Bürger erlaubt,
die Collegia der Staatswirthschafts hohen Schule zu besuchen, jedoch sind der Direktor und die
Lehrer derselben angewiesen, hier einen Unterschied unter jenen zu machen, die diese Collegia
nur aus Wißbegierde besuchen, und jenen die die
Staatswirthschaft und ihre unter sich habende
Bedienungen zu dem Gegenstande und Beschäftigung ihres künftigen Lebens machen wollen.
Diesen leztern ist alles fragmentarische Hören der
Kollegien gänzlich untersagt, hingegen befohlen
worden, ihnen die systematische Anhörung sämtlicher hier einschläglicher Wissenschaften begreiflich
zu machen, und sie darzu zu verbinden. Seine
Churfürstliche Durchlaucht haben daher gnädigst geruhet zu befehlen, daß diese künftige Staatsdiener ausser der Inscription bei dem jedesmaligen Rectore Universitatis, noch besonders bei
dem ältesten Lehrer der Staatswirthschafts hohen Schule, welches gegenwärtig Herr Hofrath
Succow ist, inscribiren, für diese Inscription
zum Nuzen der Staatswirthschaftlichen Bibliothek

thek 3 fl. bezahlen, und sich dadurch zur systematischen Hörung der Wissenschaft anheischig machen sollen, ohne welche Inscription und systematische Anhörung sie nicht als Kandidaten der Staatswirthschaft angesehen, noch als solche bei ihrem Abzuge von der hohen Schule ein pflichtmäßiges Attestat erhalten werden.

4) Bestättigen **Seine Churfürstl. Durchlaucht** die ehemaligen Privilegien gedachter hohen Schule, nämlich daß bei Abgange eines Lehrers der Direktor und übrige Professores taugliche Subjekten zur Wiederbesezung der ledig gewordenen Stelle zu wählen, und den Gewählten zur höchsten Genehmigung in unterthänigsten Vorschlag zu bringen haben.

5) Entbinden **Seine Churfürstl. Durchlaucht** nach den ehemaligen Privilegiis die sämtlichen Lehrer vom Vortrage so genannter öffentlichen oder unentgeldlichen Lesung irgend einer Wissenschaft, und müssen alle halbjährige Collegia mit 5 fl. von jedem Zuhörer, und zwar, wie es auf allen Universitäten gebräuchlich ist, voraus, oder wenigstens sechs Wochen nach dem Anfange des Collegii bezahlt werden. Die Chemie allein wird mit 12 fl. bezahlt, wovon aber 7 fl. der Kasse der Staatswirthschafts hohen Schule

anheim fallen, die dagegen alle Bedürfnisse zur Unterhaltung des Laboratorii Chemici, und der zu machenden Versuche anschaffet.

6) Die Professores der Staatswirthschafts hohen Schule geniessen zwar, wie die übrigen Professores der Universität, gleichen Rang, Rechte und Utilitäten, erhalten die gewöhnlichen Ehrenämter nach Weisung des sie treffenden Turnus, und haben Siz und Stimme in dem akademischen Senate. Aber da sie an der Verwaltung der Einkünfte des Studii generalis und allen daher rührenden Geschäften von Jurisdiction über die Unterthanen, Zehendversteigungen und dergleichen mehr, keinen Antheil nehmen können: so haben sie, auch weder Siz noch Stimme in diesen besondern Sizungen des Studii generalis, und wenn ein Lehrer der Staatswirthschafts hohen Schule das Rektorat begleitet, so ist alsdann der Prorektor Vorsizer dieser Sizungen.

7) Dahingegen ist die Verwaltung der jährlichen Einkünfte der Staatswirthschafts hohen Schule dem Vorsteher und sämtlichen ordentlichen Lehrern derselben ausschließlich ganz allein überlassen, und ist sie berechtiget, nach geschehener Auszahlung der Besoldungen des Personale der Staatswirthschafts hohen Schule, alles jähr-

lich übrig bleibende zur Vermehrung der Kabinetter und übrigen Anlagen zu verwenden. Ferner hat die Staatswirthschaftliche Kasse alles zu bestreiten, was zur Unterhaltung der Churfürstlichen physikalisch-ökonomischen Gesellschaft erforderlich ist, dagegen derselben dasjenige, was der Verlag der Schriften gedachter Gesellschaft abwirft, zur Vermehrung der Bibliothek angewiesen worden.

8) Haben Seine Churfürstliche Durchlaucht geruhet, der Staatswirthschafts hohen Schule das ehemalige von Freudenbergische prächtige Gebäude, als akademisches Gebäude auf ewige Tage zu schenken, und solches in gänzlich brauchbarem Stande zu überliefern. In diesem werden nun alle Kabinette der Staatswirthschafts hohen Schule, die auf immer von jenen des Studii generalis getrennt bleiben, aufgestellt. Nemlich die Bibliothek, das Naturalienkabinet, das Armarium Physicum, die Modellensammlung, ferner das Laboratorium Chemicum, neben daran der botanische Garten, der durch eine Schenkung der Hauptstadt Heidelberg eine ansehnliche Größe erlangt hat. Auch ist in dem nemlichen akademischen Gebäude der Saal, worin die Churfürstliche ökonomische Gesellschaft ih-

re öffentliche Sizungen hält. Jeder Professor liest in seinem eigenen Hause, ausser dem Professor der Naturlehre, Naturgeschichte und Chemie, dem die Aufsicht über sämtliche Kabinette anvertrauet ist, und in dieser Rücksicht freie Wohnung in dem akademischen Gebäude genießt.

9) Dann haben Seine Churfürstl. Durchlaucht geruhet, die jährlichen Einkünften der Staatswirthschafts hohen Schule mit 1000 fl. zu vergrößern, ohne dieselbe mit Verwaltung eines Kapitals zu belästigen, aus deren Zinsen, oder sonstigen Benuzung ihre jährlichen Einkünften zu erheben wären. Dergleichen Verwaltungen sind gewöhnlich ein sehr kostspieliger Zeitaufwand, die der Lehrer viel gemeinnüziger zu seinem Amte bedarf. Dann sind auch dergleichen Stiftungen den Unglücksfällen zu sehr ausgesezt; sehr oft die Haupturfache, warum bei dem Steigen der Preise die Stiftungen den Bedürfnissen in der Folge nicht mehr entsprechen; daher oft eine Ursache des Hinsinkens derselben, da sie doch eigentlich zur ewigen Gründung gewidmet waren. Die Staatswirthschafts hohe Schule hat es sich daher viel nüzlicher erachtet, sich aller dieser Sorgen gänzlich entladen zu sehen, und findet in der Nothwendigkeit des Vortrages für sich ungleich

mehr Sicherheit vor die Zukunft, als in der Niederlegung eines Stiftungskapitals.

10) Haben Seine Churfürstliche Durchlaucht geruhet, jedem der drei ordentlichen Lehrer ausser den Besoldungen, womit sie an die Kasse der Staatswirthschafts hohen Schule angewiesen sind, noch eine besondere Fruchtzulage zu ertheilen, auch jedem wegen seinen Reisekosten von Lautern nach Heidelberg 75 fl. gnädigst darreichen zu lassen.

11) Haben Höchstdieselbe die beiden ausserordentlichen Professores, Herrn Wundt und Schneider, die durch ihren zeitherigen Vortrag der hohen Schule auf ihrem ehemaligem Standorte die wesentlichsten Dienste geleistet, als solche bei ihrer jezigen Verlegung gnädigst bestättigt, in wieferne andere mitwirkende Ursachen sie in ihren geistlichen Aemtern nach Heidelberg versezen sollten.

12) Endlich haben Seine Churfürstliche Durchlaucht gnädigst geruhet, Höchstbero physikalisch ökonomische Gesellschaft, die 1769 von verschiedenen patriotischen Männern in Lautern errichtet und 1770 gnädigst bestätigt ward, ebenfalls nach Heidelberg zu verlegen, weil jeder ordentlicher Lehrer der Staatswirthschafts hohen

Schule ein ordentliches Mitglied dieser Gesellschaft, und verbunden ist, nach dem Turno eine druckmäßige Vorlesung in derselben zu halten. Alle Versammlungen dieser Gesellschaft sind öffentlich, fangen mit dem November an, so daß jeden der folgenden Monate eine gehalten wird, und schließen sich mit der lezten Versammlung des Monats Mai, wo die Ruhetäge anheben.

Aus diesem kurzen Umrisse wird nun jeder gerabdenkende Mann sehen, mit welchen aussehenden Vortheilen für die Wissenschaft selbst anfänglich ein besonderer Standort für diese hohe Schule erwählet ward, und wie gänzlich ihrer Gemeinnüzigkeit entsprechend, sie nun mit dem Studio generali zu Heidelberg vereinigt wird, da die wahren Ursachen der Erwählung eines eigenen Standortes aufgehört haben. Jeder ächte Pfälzer, jeder wahre Menschenfreund wird sowohl die Errichtung als Verlegung der Staatswirthschafts hohen Schule **Unserm vielgeliebten Karl Theodor** ewig danken, und diese Staatswirthschafts hohe-Schule unter die ewig baurenden Monumente Höchst Seiner landesväterlichen Regierung sezen, die ben jezigen und künftigen Zeiten ganz auffallend zeigen wird, wie sehr Höchstdieselben nicht allein beflissen waren, in Dero Staaten Wissenschaften und Künste mächtig zu unterstüzen, sondern wie sehr es Höchstdenselben am Herzen lag, sie zur Bildung der künftigen Staatsdiener zu verwenden, und dadurch den Grund zur wahren Volkserleuchtung zu legen. Einzelne gelehrte Männer in einem Staate sind nur Phänomene. Mit ihrem Tode schwinden alle in sie gesezte Hofnungen, und ihre Nachfolger reissen oft dasjenige nieder, was jene mühselig erbauet haben. Aber ein gründlicher öffentlicher Unterricht verewigt nicht allein den Siz der Wissenschaften, sondern macht solche auch dem bürgerlichen Leben anwendbar, welches doch immer die erste Absicht seyn muß, weswegen Wissenschaften und Künste den Schuz der Großen verdienen.

Eine ganz unbegrenzte Erkenntlichkeit und Dank haben sich des wirklichen Staats- und Conferenz-Ministers, Freiherrn von Oberndorff Excellenz, von Seiten der Staatswirthschafts hohen Schule sowohl, als jedes rechtschaffenen Menschenfreundes dadurch erworben, daß Hochdieselbe während der Zeit Ihres hohen Ministerii nicht allein diese hohe Schule mächtig unterstüzet, sondern auch bei vorseiender Verlegung die Gründe und den Nuzen derselben so offen und klar Seiner Churfürstl. Durchlaucht vorgetragen haben, daß Höchstdieselben Ihren gnädigsten Schuz und Unterstüzung bei dieser vorseienden Verlegung derselben so thätig haben zufliessen lassen; und es wird ein ewig und laut redender Beweis seyn, wie sehr Hochdieselbe geneigt und willfährig sind, alles wahrhaft Nüzliche und Gute durch Dero Vortrag bei dem besten Landesvater zu unterstüzen. Entfernt von aller Schmeichelsucht darf man die Wahrheit laut sagen, wann redende Beweise vor Augen liegen, und die Staatswirthschafts hohe Schule sowohl, als jene, die davon in Zukunft Nuzen schöpfen werden, werden in Seiner Excellenz den Staatsminister nicht verkennen, der seine ihm anvertraute Stelle nur begleitet, um den Ländern wahrhaft ersprießlich zu seyn, die in Ihm ihren Freund und Wohlthäter verehren.

Keine unerhebliche Vorzüge dieser Verlegung der Staatswirthschafts hohen Schule sind endlich die Lage der Stadt Heidelberg, die unfehlbar unter die reizendsten von Deutschland gehört. Sie selbst liegt an dem Fuße des Gebirges, an dem auf der einen Seite die seit Jahrhunderten berühmte Bergstrasse vorbeizieht, und sich von da in die fruchtbarste paradiesische Ebene verbreitet, dann fangen auf der entgegengesezten Seite die Gebirge des Odenwaldes an, die durch ihre Lage die mannigfaltigsten und überraschendsten Naturscenen bilden, und nun durch Kleebau und Viehzucht zu den fruchtbarsten Gegenden sich umschaffen. Der Neckerstrom, der sich durch diese Gefilde durchschlängelt, und zwar freilich bei seinem starken Anlaufe manchmal Verheerungen verursacht, vermehret Leben und Thätigkeit, und der Jüngling findet also eine Menge Gegenstände hier im wirklichen Leben, die er auf der hohen Schule theoretisch zu erlernen hat. Hier sind Wiesen und Kleebau, Viehzucht, Fruchtbau, Weinbau, und der Bau verschiedener Handlungsgewächsen in größtem Flore. In der Stadt selbst blühen verschiedene angesehene Fabriken, und die Schiffahrt auf dem Necker befördert den Handel. Auffer der Universität ist sie der Siz verschiedener angesehener Landeskollegien, dann ruft die Schönheit der Gegend viele Auswärtige hieher, die ihr Leben da genießen, wodurch der gesellschaftliche Umgang einen besondern Vorzug erhält, der zur Bildung des künftigen Staatsdieners von auffallender Nothwendigkeit bleibt, indem es nicht genug ist, Kenntnisse zu besizen, sondern man auch wissen muß, sie mit Anstand und Würde in das wirkliche Leben überzutragen. Dann ist dem künftigen Staatswirthschaftlichen Diener diese Versezung darum ein Hauptvortheil, daß ausser andern Wissenschaften, die er hier erlernen kann, er den Vortrag des Juris publici nun zu benuzen vermag, welcher Vortrag zwei berühmten Lehrern auf dieser uralten hohen Schule anvertrauet ist. Auf dem ehemaligen Standorte der Staatswirthschafts hohen Schule konnte man zwar alles dasjenige erlernen, was zur Führung der inneren Landesregierung erforderlich war, aber die Verhältnisse eben dieses Landes mit seinen benachbarten und auswärtigen Staaten sind ein Gegenstand des Publicisten, der sich auf Geschichtskunde gründet. Und ob zwar die leztere auch zu Lautern öffentlich vorgetragen ward, so fehlte gleichwohl die erstere, weil man in die Vorrechte der Universität Heidelberg nicht eingreifen wollte. Nun sind auch durch diese Versezung diese Schwürigkeiten glücklich gehoben, und der künftige Staatsdiener kann sich nun sowohl zu einem Staatswirthe, als Publicisten bilden, und zur künftigen Begleitung der höchsten Ehrenstellen sich befähigen, wenn er seine akademischen Jahre, so wie man es von jedem edeldenkenden Jünglinge ohnehin erwartet, mit

Eifer und Wärme den Wissenschaften widmet. In Hinsicht dieser nützlichen Verbindung des Staatswirthes mit dem Publicisten haben Seine Churfürstliche Durchlaucht gnädigst geruhet zu befehlen, daß bei der Staatswirthschafts hohen Schule noch ein ordentlicher Lehrstuhl der Geographie, leztere vorzüglich in Rucksicht auf die Handlung, soll errichtet werden. Eine nähere Nachricht hiervon wird man zu seiner Zeit bekannt machen. Hier hat man es nur kürzlich angezeigt, um zu bemerken, daß es nie die Hauptabsicht war, wie manche irrig gewähnet haben, in einigen Zweigen der Wissenschaft praktische Männer zu bilden, sondern den Jüngling in allem theoretisch zu unterrichten, was zur Führung einer glücklichen Landesregierung erforderlich ist.

Der Staatswirthschaftliche Cursus der hohen Schule zu Heidelberg fängt also mit dem November 1784 an, und alle, die an diesem Vortrage Theil nehmen wollen, werden hiemit öffentlich dazu eingeladen. Den erhabenen Fürsten Deutschlands, die Ihre Landeskinder dieser hohen Schule fernerhin anvertrauen werden, ertheilt man sowohl, als wie allen Eltern, von Seiten des Vorstandes und sämtlicher Lehrer die ehrerbietige Versicherung, daß man sich alles Ernstes befleißen werde, dem in die Staatswirthschafts hohe Schule gesezten Vertrauen gänzlich zu entsprechen, und fügt nur den gehorsamsten Wunsch bei, der sich auf Erfahrung und Gewissen gründet, nämlich den Akademisten den Zeitraum, wie es manchmal geschehen, nicht so ausserordentlich zu begrenzen, indem es zwar ganz leicht ist, täglich viele Collegia zu hören, aber eine wahre Unmöglichkeit bleibt, das Zuvielgehörte wohl zu überdenken, und durch dieß Denken sich selbst eigen zu machen. Ersteres bildet Schwäzzer, das andere gründliche Männer. Jene sind eine Pest, diese eine Stüze des Staates. Wenigstens bittet man ehrfurchtsvoll, wenn die oft überspannten Begriffe dieser gleichsam im Treibhause übertriebener Jünglinge nicht eintreffen, solches nicht der Staatswirthschafts hohen Schule zu Last zu legen, deren Bemühungen nicht weiter, als die menschlichen Kräften reichen können. „

Wir knüpfen nun die Geschichte desjenigen hier an, was sich seit der Zeit bis zu Ende des Jahres 1788 zugetragen hat, und müssen, um den Standpunkt richtig zu bezeichnen, unsern Lesern etwas von der vorigen in kurze Erinnerung bringen. Die Churfürstl. Pfälzische physikalisch-ökonomische Gesellschaft entstand zwar im Jahre 1769, ward aber erst den Sommer 1770 bestätiget. Hierauf ward in dem Herbste 1774 die Kameral hohe Schule eröfnet, und vorzüglich von dieser Zeit an geruheten Seine Churfürstl. Durchlaucht nach und nach dasjenige der Kassa gnädigst anzuweisen, was zur Errichtung derselben erforderlich war. In der Folge bewegten auf unterthänigsten Vortrag des Direktors verschiedene Ursachen Seine Churfürstl. Durchlaucht, der hohen Schule ihre eigene Kassa zu bestimmen. Bei Verlegung der Staatswirthschafts hohen Schule wurde nun auf den ebenmäßigen unterthänigsten Vortrag des Direktors alles vor die Folge dahin gnädigst angeordnet, daß auch die physikalisch-ökonomische Gesellschaft nach Heidelberg übersezet s. N. II. und alle Einkünfte der alleinigen Verwaltung der Staatswirthschafts hohen Schule anheim gewiesen wurden. s. N. III. Von dieser Zeit der Verlegung an theilet sich also die Geschichte in jene der hohen Schule, und in jene der physikalisch-ökonomischen Gesellschaft.

Geschichte der Staatswirthschafts hohen Schule.

Der Abzug der hohen Schule von ihrem ersten Standorte wo sie so unvermerkt sich gebildet, und eine feste Verfassung erhalten hatte, und wo sie so gern geblieben wäre, hätten nicht die ungleich höheren Pflichten einer größern Gemeinnüzigkeit die Versezung nun wünschenswerth gemacht, erfolgte im October 1784, wo sie mit all den Schäzen, die sie während der Zeit durch die höchste Unterstüzung Seiner Churfürstlichen Durchlaucht gesammelt hatte, sich nach Heidelberg begab, und daselbst liebreich, und mit aller Wärme einer ächten Freundschaft aufgenommen ward. Ungeacht bei dieser Verlegung ihre ganze ehemalige Verfassung blieb, ihre Verhältnisse mit dem uralten Studio generali in dem ersten Rescripto Serenissimi Electoris s. M. I. festgesezt waren, so erschienen dennoch in der Folge noch einige Fälle, die eine nähere Bestimmung erheischten, und die wir hier ganz kurz vorlegen wollen.

Auf allen, wenigstens alten Universitäten ist eine besondere Kleidung eingeführt, deren sich die Lehrer bei allen öffentlichen Gelegenheiten bedienen müssen. Auf unterthänigste Vorstellung des Direktors wurde aber den Lehrern der Staatswirthschafts hohen Schule erlaubt, sich der schwarzen Kleidung statt des in Heidelberg gewöhnlichen Ornates zu bedienen. s. N. V.

Ferner befahlen Seine Churfürstl. Durchlaucht, daß die Lehrer dieser hohen Schule bei allen Gelegenheiten, vorzüglich in Druckschriften bei ihren Titeln sich des Beisazes Professoren der Staatswirthschafts hohen Schule bedienen sollen. s. N. X.

In Lautern hatte die hohe Schule noch kein eigenes Insiegel, sondern sie bediente sich jenes der physikalisch-ökonomischen Gesellschaft. Da sich aber in Heidelberg Fälle ereigneten, wo sie ein eigenes Insiegel haben mußte: so erhielt sie zu dessen Führung die gnädigste Erlaubniß. s. N. X.

Das Honorarium der halbjährigen Kollegiengelder blieb in Heidelberg, wie solches in Lautern üblich gewesen. Unter dem 6. Nov. 1784 wurde aber befohlen, daß diese Kollegiengelder allemal bei Anfange derselben, oder längstens sechs Wochen nachher voraus bezahlt werden sollen. s. N. VI. Dann wurde unter dem 7. Jul. 1786 der Preis des Collegii der Experimental-Physik wegen dem theuren Apparate, der darzu erforderlich ist, wie bei der Chemie auf zwölf Gulden festgesezt. s. N. VII.

Wegen den halbjährigen Collegiis selbst ward ferner unter dem 26. October 1786 die Vorlegung des Verzeichnisses der zu lesenden halbjährigen Kollegien an das Direktorium; s. N. VIII. denn unter dem 6. Sept. 1788 die fleißige ununterbrochene Anhörung der Kollegien der Staatswirthschafts hohen Schule vorzüglich jenen Landeskindern, die mit Anwartschaften auf Bedienungen versehen sind, anbefohlen, um so mehr, da man wahrgenommen, daß bei der sonst fleißigen Besuchung anderer sich jene doch saumselig finden liessen, die wegen den ihnen angewiesenen künftigen Diensten sich doch am fleißigsten hätten betragen sollen. s. N. IX.

Ausser den der Staatswirthschafts hohen Schule auf ihrem ehemaligen Standorte zu Lautern gnädigst angewiesenen jährlichen Einnahmen, und jener jährlichen Vermehrung die bei der Verlegung nach Heidelberg ihr zugelegt worden sind, hatte sie sich noch ferner der höchsten Gnade Sr. Churfürstl. Durchlaucht zu erfreuen, da unter dem 10. May 1787 diese jährlichen Einkünfte abermals mit ferneren tausend Gulden vergrössert fert wurden. Ausserdem geruheten Seine Churfürstliche Durchlaucht zur Herstellung des ihr gnädigst geschenkten Gebäudes, s. N. IV. unter dem 12ten October 1784 fünfhundert Gulden, dann unter 22ten Febr. 1786 ein anderwärtiges Geschenk von sechshundert Gulden, und den 15. Sept. 1788 ein abermaliges Geschenk von zwölfhundert Gulden, lezteres vorzüglich zur Vermehrung der Bibliothek ihr gnädigst anzuweisen. Auch wurde ihr erlaubt, zur geschwindern Vermehrung des physikalischen Kabinettes ein Kapital von zweitausend Gulden aufzunehmen. s. N. VII. Selbst die Hauptstadt Heidelberg machte der Staatswirthschafts Hohen Schule gleich bei ihrer Verlegung aus eigenen Mitteln ein ihr freiwillig angebottenes Geschenk von fünfhundert Gulden, welches ihr um so angenehmer war, da sie dadurch den freundschaftlichen Antheil zu erkennen gab, den sie an der Verlegung der Hohen Schule selbst nahm.

Bei den Lehrern der Staatswirthschafts Hohen Schule selbst ereignete sich eine grosse Veränderung, da zwei, die den Grund derselben legen halfen, und bisher ihre Zierde waren, anderwärtigen Ruf angenommen haben. Der erste derselben war Herr Hofrath Schmid, der in seinem Vaterlande bei der Carls Hohen Schule zu Stuttgard angestellt wurde, der zweitere Herr Hofrath Jung, der einem an ihn ergangenem Rufe nach Marburg folgte. Der erste erhielt seine Entlassung den 29ten Sept. 1786, der zweite den 17ten Febr. 1787. Beide Lehrstellen wurden jedesmal zu gleicher Zeit, in welcher die Entlassung erfolgte, mit anderen Männern besezt. Den ersten Lehrstuhl erhielt Herr Hofrath Erb, der seit vielen Jahren mehrere erlauchte Zöglinge theils auf Universitäten theils auf Reisen geführt hatte, den zweiteren Herr Gatterer, bisheriger Lehrer auf der Universität zu Göttingen. Dann wurde auch noch unter dem 9ten October 1786. Herr Hofkammerrath Semer, der ehemals zu Lautern ihr, durch vorzüglichen Fleiß sich auszeichnender Zögling war; und den 26ten October 1786 Herr Rath Völlinger beide als außerordentliche Lehrer der Staatswirthschafts Hohen Schule angestellt. Ersterer trat sein Lehramt gleich an, lezterer aber erhielt noch die besondere Erlaubniß, den Herrn Baron von Venningen, einen Jüngling, den Geburt, Talente, und Anwendung derselben gleich glücklich auszeichnen, auf Universitäten und Reisen bis den October 1789 zu begleiten. Noch dürfen wir nicht vergessen zu bemerken, daß Herr Schneider, der nach S. 213. §. 11. schon in Lautern bei der Hohen Schule außerordentlicher Lehrer war, im Jahr 1786 nach Heidelberg als zweiter lutherischer Pfarrer und Konsistorialrath versezt worden, und sein Lehramt wieder angetreten habe.

Wir gehen nun zu den Kabinetten der Hohen Schule selbst über, bei deren Beschreibung wir uns um so kürzer fassen können, da Herr Hofrath Suckow in des IV. Bandes 1. Theile der Vorlesungen bereits eine Beschreibung derselben geliefert hat, und wir nur dasjenige nachholen dürfen, was eigentlich zur Geschichte derselben gehört.

Der Bibliothek wurde der Saal des untern Stockes des Staatswirthschaftlichen Gebäudes bestimmt. Das Lesezimmer ist gleich darneben, und ebenfalls bereits mit Büchern besezzet. Da Gemeinnüzigkeit der Bibliothek gleich bei ihrer ersten Errichtung das Hauptbestreben der Hohen Schule war, so hatte sie zwar zu Lautern hiemit ihre Absicht vollkommen erreicht, aber leider war damit ein Abhand-Kommen einer großen Menge von Werken verknüpfet; Folgen einer jeden Anstalt, die in ihrer Neuheit noch nicht mit allen den Einrichtungen fertig werden kann, die darzu erforderlich sind, besonders wenn ihr der allge-

P 2

meine Nuzen mehr am Herzen liegt, als ihr eigener. Um das leztere zu verhindern, ohne dem ersteren Gränzen zu sezen, wurde auf unterthänigsten Vortrag des Direktors Hr. Semer den 29ten May 1787 von Seiner Churfürstl. Durchlaucht zum Bibliotheks-Custos ernannt, der das Ausleihen der Bücher und die Lesestunden ganz allein nach vorgeschriebener Instruktion zu besorgen hat, da die Hauptaufsicht über die Bibliothek, so wie über sämtliche Kabinette der Hohen Schule Hrn. Suckow übertragen ist. Nachdem man mit dem Baue, und der gänzlichen Einrichtung fertig war, wurde die Bibliothek den Jun. 1787 geöfnet, nachdem sie vorher mittelst eines hierzu besonders eingerichteten Sturz-Registers revidirt geworden. Da diese Stürzung alle Jahr im Junius vorgenommen wird: so können wir hier die Zahl der Bände genau bestimmen, die bis den Jun. 1789 daselbst vorräthig gewesen. Im Junius 1787 hatte sie von Lautern aus mitgebrachte Bücher an der Zahl ⸺ ⸺ ⸺ 2594 Bände.
Im Junius 1788 ⸺ ⸺ ⸺ ⸺ 4096 ⸺ ⸺
Im Junius 1789 ⸺ ⸺ ⸺ ⸺ 6021 ⸺ ⸺
Mit dem nemlichen Eifer wird man fortfahren, die Bibliothek, jedoch immer nur mit Einschränkung auf ihre eigene Gegenstände, die Herr Suckow

am angeführten Orte S. 397—409 angegeben, vollständig zu machen. Auch hatte die Hohe Schule das ihr sehr schmeichelhafte Vergnügen, daß sie nicht allein ihre Absicht der Gemeinnüzigkeit vollkommen erreicht, indem die Lesestunden sehr häufig besucht werden, sondern daß sie zeither auch nicht ein einziges Werk eingebüsset, welches sie dem unermüdeten Fleisse des Hrn. Semers vorzüglich zu verdanken hat.

Neben der Bibliothek rechter Hand sind zwei Zimmer dem Naturalienkabinete bestimmt, und dieselben mit Glasschränken versehen, die nach dem Modelle jener des Churfürstl. Naturalienkabinetes zu Mannheim eingerichtet worden. Die meisten dieser Naturalien sind von Lautern mitgebracht worden, und da Herr Suckow die Geschichte des Kabinetes an a. O. S. 417—426 vollständig erzählt hat; so bleibt uns hier weiter nichts beizufügen übrig, als daß dieses Kabinet bereits das Frühjahr 1785 eingerichtet war, und gleich zu den Sommer-Vorlesungen verwendet werden konnte.

Neben dem Lesezimmer linker Hand sind zwei andere Zimmer; das eine ist der Sammlung von Modellen, das andere aber vorzüglich den architektonischen Modellen bestimmt. Beide waren im Jahre 1785 beendiget. Die ersteren sind sämtlich von Lautern mitgebracht, die zweitern aber erst in Heidelberg zu sammlen angefangen worden. Bei beiden berufen wir uns auf dasjenige, was Herr Suckow an a. O. S. 428 — 432 davon gesagt hat.

Der linke Flügel des Hauptgebäudes ist dem Laboratorio Chemico gewidmet, und der Bau desselben so beschleunigt worden, daß schon im Sommer 1785 sämtliche Versuche, die zu einem Cursu Chemico erforderlich sind, darin angestellt werden konnten. Das eigentliche Laboratorium ist ein sehr geräumiges feuerfestes Zimmer, das die ganze Länge dieses Nebengebäudes durchläuft, an der vorderen Seite aber nebst dem Eingange noch zwei Zimmer hat. In dem Laboratorio Chemico sind all diejenigen Oefen erbaut, und in demselben sowohl, als in dem daran stossenden Zimmer all dasjenige an Werkzeugen vorräthig, was zu Versuchen und einem vollständigen Vortrage der Chemie, vorzüglich zum Zwecke der Staatswirthschaftlichen Wissenschaften erforderlich ist. Die den Versuchen selbst geeigneten Materialien schafft die Kassa der Staatswirthschafts Hohen Schule an, so daß also nichts ermangelt, was zur gründlichen Erlernung dieser wichtigen, und dem wahren Staatswirthe unentbehrlichen Wissenschaft erforderlich ist.

In dem zweiten Stocke des Hauptgebäudes neben dem Saale, der den Versammlungen der physikalisch-ökonomischen Gesellschaft bestimmt ist, befindet sich das Zimmer, nebst noch einem kleinern, in welchen die Sammlungen physikalischer und mathematischer Werkzeuge aufgestellt sind. Die Schränke sind nach dem Modelle des Ch. Kabinetes in Mannheim verfertigt, und das Kabinet war bereits im Sommer 1785 fertig, und alles darin aufgestellt, was man von Lautern mitgebracht hatte. Seit der Zeit ist es aber beträchtlich vermehrt worden, und berufen wir uns abermals auf dasjenige, was Hr. Succow a. a. O. S. 413 — 416 davon bekannt gemacht hat.

Bei Errichtung sämtlicher Kabinette hat man, ohne auf Prunk zu sehen, gleichwohl nichts ermangeln lassen, ihnen ein gefälliges äußerliches Ansehen zu verschaffen. Das wichtigste Augenmerk der Staatswirthschafts Hohen Schule ist aber vorzüglich dahin gerichtet, jedes Jahr auf die mehrere Vollständigkeit sämtlicher Kabinette den höchsten Bedacht zu nehmen. Doch wird man sich, da die übrigen Kabinette dem Vortrage bereits sehr geeignet sind, ganz vorzüglich der Vermehrung der Bibliothek widmen, um daselbst alle diejenigen Werke aufzustellen, die in den hier einschlagenden Wissenschaften bereits erschienen sind, oder noch erscheinen werden, weil wir dieses als das größte Bedürfniß ansehen, das wir zu befriedigen verbunden sind. Bei dieser Gelegenheit müssen wir auch bemerken, daß gar viele Gönner und Freunde dieser Hohen Schule diese Sammlungen mit ihren Geschenken bereichert haben, deren Herr Succow in seiner schon oft angeführten Abhandlung einer dankbaren Erwähnung gethan hat. In Zukunft aber wird man jedesmal die Namen jener Herren die sich durch Beiträge unsern Dank erworben, und dadurch ihr Andenken gestiftet haben, in der fortgesezten Geschichte der Hohen Schule selbst mit Benennung des Geschenkes erwähnen, und unsern Freunden und Gönnern so viel an uns ist, dadurch ein öffentliches Zeichen unserer Hochachtung ablegen.

Gleich neben dem Gebäude an der Seite, die zwischen dem Hause und dem Necker liegt, ist jener Garten, so zum botanischen Garten bestimmt ist, und dieser verlängert sich auf der andern Seite neben dem Laboratorio Chemico durch einen Plaz, den ein hochlöblicher Heidelberger

Geschichte.

Stadtrath der Hohen Schule gegen eine sehr geringfügige, jährige Zahlung in recognitiónem domini directi geschenkt hat. Ohnerachtet im Hauptgarten selbst viele Pflanzen bereits gezogen werden: so ist man doch bisher wegen der Anlage der übrigen Kabinette ausser Stand gewesen, dem botanischen Garten selbst die gehörige Aufmerksamkeit zu schenken, ja man ist selbst noch nicht ganz mit dem Plane einig, nach welchem er angelegt werden soll, damit er seiner ganzen Gemeinnüzigkeit entsprechen möge.

Ueberhaupt ist die Hauptabsicht bei der Anlage dieser sämtlichen Kabinette, und jener die vielleicht in Zukunft noch könnten errichtet werden, vorzüglich diese, daß der Lehrer in seinen Collegiis die Grundsäze jener Wissenschaften lichtvoll, auch den Sinnen fühlbar den Jünglingen vortragen könne, die zu erlernen sie auf die Hohe Schule gekommen sind. Auf ihnen ruht das Gebäude der ganzen Staatswirthschaft, und unglücklich ist jener Jüngling, der zu den andern Wissenschaften fortgeht, ohne die Grundsäze derjenigen richtig und hinlänglich begriffen zu haben, die sich auf diese Kabinette gründen. Dann er wird in Zukunft keine sichere Fortschritte machen, und alle Augenblicke wird er anstossen, sich nicht ferner zu helfen, und sich auf andere verlassen müssen, weil er es versäumt hat, das Fundament dieser Wissenschaft solid und gründlich zu legen. Aber leider sind selbst noch gar viele, vorzüglich Eltern mit Blindheit geschlagen, und weil sie den Einfluß derselben nicht berechnen können, so können sie sich auch nicht von der Nothwendigkeit derselben überzeugen. Aber diese Herren könnte man mit jenen vergleichen, die ein Haus ohne Fundamente bauen wollten, weil man doch innerhalb den Fundamenten selbst nicht wohnen kann. So lächerlich diese Arithmetik ist, eben so lächerlich ist jene, die Staatswirthschaft, ohne gründliche Erlernung dieser Wissenschaften erlernen zu wollen. Denn sie sind und bleiben das Fundament der ganzen Staatswirthschaft.

Zum Beschluß wollen wir noch der Verwaltung sämtlicher Einkünfte eine kurze Erwähnung thun, die der Hohen Schule anvertraut sind, oder noch anvertraut werden könten. Diese ist man folgendermaßen angeordnet worden. Es sind eigene Sizzungen hierzu bestimmt, die so oft gehalten werden, als es der Umstand erfordert. In diesen sizen nur die ordentlichen Lehrer der Staatswirthschafts HohenSchule unter dem Vorsize des Direktors bei, und einer derselben führt das Protokoll, so nun nach dem Abzuge des Hrn. Jungs Herrn Gatterer übertragen ist. Hier wird überlegt, was angeschaft werden soll, auch die würkliche Auslieferung und die Anweisungen zur Zahlung bemerkt. Herrn Suckow liegt es ob, alle würkliche beschehene Auslieferungen und Anschaffungen zu attestiren, worauf sie mit Unterschrift des Direktors und Sekretärs zur Kassa angewiesen werden, die nun nach Abzuge Herrn Schmids Herr Erb als Schazmeister zu verwalten hat. Auf diese Art sind die Beisizer in beständiger Kenntniß aller und jeder Vorkomnisse. Jedes Jahr wird eine Rechnung abgelegt, und fängt das Rechnungsjahr mit dem ersten Hornung an. Die gestellte Rechnung wird zuförderst dem Churpfälzischen Hofkammerrathe in Mannheim Herrn Lionhard zur strengen und genauen Revision vorgelegt, und erst nach solcher dem Schazmeister das Absolutorium ausgefertiget.

Geschichte der Churpfälzischen physikalisch-ökonomischen Gesellschaft.

Bei der oben schon bemerkten Verlegung dieser Gesellschaft nach Heidelberg hat sie eine ganz andere Gestalt gewonnen, und ist, wie es auch ihre Verfassung eigentlich erfoderte, in eine gelehrte Gesellschaft umgewandelt worden, da die ökonomische Verwaltung nun ganz allein der Staatswirthschafts Hohen Schule übertragen ist. Doch ehe wir deren fortgesezte Geschichte vortragen, müssen wir noch zuförderst dem Publico eine kurze Geschichte des Siegelbacher Gutes, und der Siamois-Manufaktur vorlegen.

Das Siegelbacher Gut hat weder der Absicht der Gesellschaft, noch der dabei interessirten im mindesten entsprochen, und leztere in großen Schaden versezet. Die Entfernung von dem damaligen Wohnsize der Gesellschaft machte die nöthige Aufsicht beinah unmöglich, sie mußte sich auf Verwalter verlassen, einer von diesen gieng gar durch, und man kann sich die Ursach davon schon vorstellen. Zudem hatte man beständig mit Hindernissen zu kämpfen, die man um so weniger hier wieder in Rückerinnerung bringen mag, da man ohnehin weiß, daß alle gute Absichten ihre Feinde haben, die an der heimlichen Untergrabung unaufhörlich arbeiten. In den lezten Jahren übergab man das Gut einem Beständer, und auch dieser entwich heimlich nach Ungarn mit Mitnehmung alles desjenigen was er nur irgend zu Gelde machen konnte, und blieb nicht allein den Pacht der ganzen Pachtzeit, den man ihm zu seiner besseren Unterstüzung stehen gelassen, sondern auch noch ein beträchtliches Kapital nebst Interessen schuldig, das man ihm baar dargeliehen hatte. Alle diese unangenehme Ereignisse bewogen endlich die Gesellschaft, das Gut an einen Siegelbacher Einwohner wieder zu verkaufen, und sich dieser undankbaren Arbeit ganz zu entlasten. Bei dem Ackerbaue ist das Aug und die ununterbrochene Aufsicht des Eigenthümers das größte Geheimniß, und wo dieses unmöglich ist, da muß, statt Nuzen, nichts als Schaden herauskommen. Die Hauptabsicht der Gesellschaften war der Futterbau, mit diesem konnte sie nie zu Stande kommen, theils weil das Gut zu zergliedert war, theils weil sie ihr Eigenthum zu beschüzen sich auffer Stand befand.

Mit desto größerem Fortgange ist die Siamois-Manufaktur von Jahr zu Jahr in die Höhe gekommen, hat den allgemeinen Erwartungen entsprochen, und ist für die Stadt und benachbarte Gegend ein allgemein anerkannte Wohlthat. Indessen hat sich die Gesellschaft bei ihrem Abzuge ihrer ferneren Aufsicht ebenfalls gänzlich entzogen, und sie steht nun unter der Aufsicht einer eigenen Komißon, deren meiste Glieder in Lautern wohnhaft sind.

In Heidelberg ist nun der eigentliche Gegenstand der Gesellschaft wissenschaftliche Bearbeitung und weitere Aufklärung aller derjenigen Gegenstände, die die Staatswirthschaft umfaßt. Jeder ordentliche und außerordentliche Lehrer ist ein würkliches Mitglied derselben, und verbunden, wenn die Reihe ihn trift, einen ihm selbst beliebigen hier einschlagenden Gegenstand in einer Abhandlung vorzulegen. Diese Versammlungen sind alle öffentlich, und jederman hat einen freien Zutritt zu denselben, sie werden daher auch allemal in der Mannheimer politischen Zeitung einige Tage vorher mit Bemerkung des Vorlesers, und des vorzulesenden Gegenstandes bekant gemacht. Diese Vorlesungen werden nur Winters gehalten, heben mit dem November an, und sind nun des Jahres sechs dergleichen festgesezt worden, wie man es bereits in der Vorrede des IV. Bandes 1. Theil bekannt gemacht hat. Mehreres von der Geschichte der Gesellschaft hier zu sagen, würde vergebliche Weitschichtigkeit seyn. Denn in den zeither erschienenen vier Bänden sind alle einzelne Vorlesungen mit Benennung des Vorlesers, und des Tages der Vorlesung selbst abgedruckt worden.

An Mitgliedern hat die Gesellschaft, ausser

den neu angestellten Professoren, die wie wir bereits erwähnt haben, immer ordentliche Mitglieder derselben sind, weil sie durch ihren Vortrag am besten die Lücken in der Staatswirthswissenschaft fühlen müssen, in diesem ganzen Zeitraume nur vier angestellt. Sie wurden zwar nach und nach erwählt, aber die Patente derselben erst den 1. Merz 1788 ausgefertigt, und bekannt gemacht. Hier folgen ihre Namen nach der Reihe ihrer Annahmen.

Herr Johann Langsdorf, hochfürstl. Darmstädtischer Hofkammerrath.

Herr von Burgsdorf, königl. Preußischer Forstrath in der Uckermark.

Herr Kästner, königl. Großbrittanischer Hofrath und Professor in Göttingen.

Herr Gatterer, königl. Großbrittanischer Hofrath und Professor in Göttingen.

Rescripten Seiner Churfürstl. Durchlaucht die Grundverfassung der Staatswirthschafts hohen Schule betreffend.

Nro. I.

SERENISSIMUS ELECTOR.

Was Ihre Churfürstliche Durchlaucht wegen Verleg- und Einverleibung der bisherigen Kameral Hohen Schule zu Lautern nach Heidelberg in dortiges General- Studium an Dero gnädigst angeordnete Oberkuratel der Universität zu Heidelberg unterm 9ten dieses zu Ende neigenden Monats ergehen lassen, solches wird Dero Staatswirhschaftlichen Hohen Schule Direktoren und Mitglied der Churfürstl. akademischen Gesellschaft Titl. Medicus mittelst abschriftlicher Anlage zur Nachricht, conformer Ankehr und gehorsamster Nachachtung anduch gnädigst ohnverhalten. Mannheim, den 28ten August 1784.

Aus
Seiner Churfürstl. Durchlaucht
Special gnädigstem Befehl.
Fr. Fhr. von Oberndorff.

An
Titl. Medicus. G. Schlösser.
Die Verleg- und Einverleibung der bisherigen Kameral hohen Schule zu Lautern nach Heidelberg in dortiges Genal- Studium betreffend.

Abschrift. S. E.

Die ohnunterbrochene Sorgfalt, womit Ihre Churfürstliche Durchlaucht auf das Wohl Dero Staaten und getreuesten Unterthanen stetshin zu wachen gewohnet sind, dann die reifeste Betrachtung

tung mehr beträchtlichen Vortheils und besserer Aufnahme Dero uralten Universität zu Heidelberg, fort anduch sich ausbreitenden Nuzens, haben Höchstdieselbe bewogen, die aus eigenem Triebe vorhin gestiftete, und aus Höchstdero Aerario allein bisher erhaltenen Kameral Hohen Schule zu Lautern, von ihrem zeitherigen Entstehungsort abzufodern, sohin die in diesem Fache errichtete Lehrstühle Dero General-Studio zu gedachtem Heidelberg, mit der Ordnung und Rang, wie die Data der Patenten solche anweisen, auch Genuß sämtlicher Gerechtsamen, Privilegien und Freiheiten, gleichwohl unter Beibehalt eigener Verwaltung ihrer dermalich und künftiger Fundations-Stücken, dergestalt einzuverleiben, daß 1mo. sothane Lehrer derjenigen, von denen bestehenden Fakultäten, mit welcher ihr bisher behandelter Gegenstand die nähere Verwandtschaft hat, folglich gegenwärtige der philosophischen Fakultät beigesellet. 2do. Die Lehrer, welche künftighin zu benennende Staatswirtschaftliche Wissenschaften trabiren werden, in Senatu academico, gleich denen übrigen Professoren ihrer Fakultät, weßfalls annoch nähere Bestimmung erfolget, Siz und Stimme, dann einerlei Rechte und Utilitäten mit denenselben,

Vorles. IV B. II Th.   Q

minder nicht die dahin eintreffende Ehrenämtere erhalten, dabei jedoch in der Weis verfahren, daß, gleichwie der akademische Senat, nach seiner jezigen Einrichtung dreierlei Gattung Geschäften behandelt, nemlich A) die allgemeine Aufsicht über das Studium in seinem ganzen Umfange besorget, und wachet, damit keine Mängel und Mißbräuche dabei einschlagen. B) Die Justiz und Polizei, sowohl im Bezug auf die einzle Lehrer, als auch auf die Studierenden beobachtet, C) die universitätische Einkünften verwaltet, über die Oekonomie wachet, die verschiedenen Rechnungen abhöret, und die Gerichtsbarkeit über einige verschiedene Dörfer ausübet, also auch die Lehrer der Staatswirthschaftlichen Wissenschaften über Lit. A. & B. einschlagende Gegenstände, gleich denen übrigen Professoren, nemliche Miteinsicht und Erkenntniß haben, dahingegen von jenen, so ad Lit. C. vorkommen, um deswillen ausgeschlossen, um weilen sie an den Einkünften und Unterthanen der alten hohen Schule eben so wenig Antheil, als diese an denen Fundations-Stück jener haben; Aus nemlichem Grund 3tio. die neueinverleibte Lehrer nur an denjenigen Utilitäten Anspruch machen können, die blos für den Beisiz im allgemeinen Senat gezogen werden, als zum Beispiel die sogenannte Senatsgelbere, und Ehrenwein, wo im Gegentheil die Turnusgelder, und alle übrige Accidentalgebührnissen, so theils Früchten der Jurisdiction von denen Universitätsorten ausmachen, theils von denen ordentlichen Universitätseinkünften gezogen werden, denen vorhin bestandenen Professoribus des General-Studii allein verbleiben; Dieser Verfassung gemäß 4to. die Direktion des Rektors aus Mittel deren Lehrern der Staatswirthschaftlichen Wissenschaften sich lebiglich auf diejenige Gegenstände, welche in die obenbemerkte Lit. A. & B. ihren Bezug haben, erstrecken; wann mithin die Frage von ökonomischen Gegenständen vorberührten General-Studii, als Rechnungs-Abhören, Rechtsstreitigkeiten ihrer Unterthanen, Verordnungen an dieselbe 2c. entstehet, diese einzig nnd allein von denen Mitgliedern ebenernannter Hohen Schule, dann Prorektore derselben besorget, und respect. unterschrieben; Immassen nun 5to. theils aus mehrfältiger Erfahrung von vorderen Zeiten theils in Ansehung dieses neuern Zuwachses deren Lehreren der Staatswirthschaftlichen Wissenschaften, die Versammlungen des gesamten Personals bei denen akademischen Senaten, wegen allzu großer Anzahl nicht nur überflüßig, sondern auch denen Geschäften selbsten, fürnehmlich aber denen Studien höchst nachtheilig angesehen worden; erstrecket sich die Höchste Entschliessung und Willensmeinung ferner dahin, daß statt solch übersezter Senats-Versammlung künftighin ein sogenannter Ausschuß aus sämtlichen Fakultäten in der Maaß angeordnet, wornach aus der theologischen Fakultät, nebst dem Senior und Decanus, falls solche katholischer Religion, jedesmal annoch ein dritter reformirter Religion, aus der juridischen Fakultät der Senior, Decanus und Juridicus, aus der medicinischen der Senior, Decanus und Oekonomus, endlich aus der philosophischen Senior und Decanus der bisherigen Fakultät, dann ein Mitglied der Staatswirthschaftlichen Lehre der Versammlung beizuwohnen, somit diese auf zwölf Beisizere zu bestimmen; wobei jedoch die Ausnahm gnädigst genehm ist, daß bei der Wahl eines zeitlichen Rektors, und desselben Aufschwörung, gesamte wirkliche Lehrer des General-Studii, in so lang keine Beschwernisse dadurch entstehen, erscheinen mögen, jedoch aber durch diese Beschränkung des Senats Personals, diejenige Lehrer, so bis hieher in perception der, von dem Senats-Beisiz abfliessender Utilitäten gewesen, fernerhin dabei belassen, und nur die neuerlich eintrettende davon ausgeschlossen, fort dieses Utile mit der Zeit lediglich auf die Senats-Beisizere beschränket; übrigens 6to. da zwischen denen akademischen Bürgern, so sich denen Staatswirthschaftlichen Wissenschaften allein widmen, und denen übrigen, quoad jura, privilegia, & forum judiciale kein Unterschied vorwaltet, gesamte Academici allein bei dem Rector Universitatis inscribiret, davon jedoch diejenige Candidaten ausgenommen, die vor Verlegung der Kameral Hohen Schule zu Lautern alldort schon inscribiret gewesen, und dermalen zu Fortsezung ihrer Studien, nach Heidelberg kommen würden, sohin eo ipso als schon adscripti bei dem General Studio angesehen, oder wenigstens bei nöthig findender Erneuerung solchen Aktus, ihnen keine weitere Gebühr aufgeladen, wie dann auch 7mo. denen Lehrern der Staatswirthschaftlichen Wissenschaften ohnbenommen, fürnehmlich in Ansehung ihres Oekonomiewesens, absondere Seßion zu halten, annebens mildest verstattet, zu Ersezung des Abgangs eines Professoris, einige andere taugliche Subjecta zu wählen, und solche zur Höchsten Genehmigung in unterthänigsten Vorschlag zu bringen, desgleichen für alle ihre Lehren von denen Zuhörern verhältsmäßige Kollegiengeldere zu erheben, über dieses die fernere Befugniß beigeleget, auf ihre Privilegia zu wachen, über das Systematische der Wissenschaften eine strenge Aufsicht zu halten, endlichen das fragmentarische Hören ihrer Kollegien in der Weis zu beschränken, daß zwar denenjenigen Kandidaten, welche zum Beispiel hauptsächlich auf die juristisch- theologisch- und medicinische Wissenschaften sich legen, oder nur einen oder den andern der Staatswirthschaftlichen Theilen zugleich benuzen wollen, das fragmentarische Hören der Staatswirthschaftlichen Kollegien nicht verwehret, denen übrigen dahingegen, so entweder gemäß Churfürstl. Höchster Verordnung die Staatswirthschaftliche Lehren zu besuchen, absonders angewiesen sind, oder welche einstens zu ihrem zukünftigen Gebrauch von den Staatswirthschaftlichen Lehreren ein Zeugniß verlangen, wornach sie diese Wissenschaften im Zusammenhang vollständig gehöret hätten, das fragmentarische Hören gänzlich untersaget, und damit desto fester darauf gehalten werden möge, denen Lehrern der Staatswirthschaftlichen Wissenschaften die Vorkehre hiemit zugelassen ist, diese Kandidaten anzuweisen, nebst der allgemeinen Immatrikulirung bei dem Rectore, auch noch besonders von der Zeit, da sie die Staatswirthschaftliche Vorlesungen zu besuchen anfangen, und zwar bei Verlust des ansonst nachforderenden Attestats gegen die Gebühre von drei Gulden, so zu Behufe der Bibliothek dieser Wissenschaften zu verwenden, sich inscribiren, sohin die Ausfertig- und Unterschreibung der Attestaten durch den Seniorem der Staatswirthschaftlichen Lehrern bewirken zu lassen; Schließlichen 8vo. dem Titl. Medicus ohnnachtheilig vorher bestimmter künftiger Einrichtung, die bisher gepflogene Oberaufsicht und Direktion über die Staatswirthschaftliche Wissenschaften, absonders derselben ökonomische Verfassung, fürters beibehalten. und er, bei sich ereignenden casibus mixtis, von gnädigst angeordneter Oberkuratel jedesmal beigeladen, auch die dahin abzielende Entschliessungen gemeinschaftlich abgefasset werden sollen; Kurz erwähnter Oberkuratel gedachter Universität wird demnach ein so anderes zur Nachricht, mit dem Anhang an durch gnädigst ohnverhalten, um das General-Studium zu Heidelberg hiernach durchgängig gemessen anzuweisen, auf die Festhaltung gesamter Vorschrift-Punkten genaue Obacht zu tragen, und sich derenselben gemäß geliebigst zu achten. München, den 9ten August 1784.

An

die Oberkuratel der Universität
zu Heidelberg also abgangen.

Nro. II.

SERENISSIMUS ELECTOR.

Gleichwie Ihre Churfürstliche Durchl. dem unterthänigsten Ansuchen des Direktoren der Staatswirthschaftlichen Hohen Schule, und Mitglied der Churfürstl. akademischen Gesellschaft Medicus, um gnädigste Genehmigung der Verlegung des Sizes der Churfürstl. phisikalisch=ökonomischen Gesellschaft von Lautern nach Heidelberg, um da mehr mildest zu willfahren bewogen worden, als ohnehin durch Veränderung der bisher zu Lautern bestandenen Kameral Hohen Schule die vorzüglichste Mitglieder jener Gesellschaft sich künftig in gedachtem Heidelberg befinden werden; als wird solches Dero Titl. Medicus zur Nachricht und weiters nöthiger Veranstaltung andurch gnä=

Geschichte.

digst bekannt gemacht. Mannheim den 28ten Aug. 1784.

Aus
Sr. Churfürstl. Durchl.
Special gnädigstem Befehl
Fr. Fhr. von Oberndorff.

An
Titl. Medicus G. Schlösser.
Die Verlegung der kurfürstl. phisikalisch ökonomischen Gesellschaft von Lautern nach Heidelberg bet.

Nro. III.
SERENISSIMUS ELECTOR.

Was Se. Churfürstl. Durchl. an Dero Churpf. Regierung die Verbringung invermeldter Sammlungen von Lautern nach Heidelberg betr. unterm heutigen erlassen haben; solches wird dem Direktor der Staatswirthschaftlichen Hohen Schule und Mitglied der Akademie der Wissenschaften Medicus mit dem Zusaz in Abschrift hieran verwahret, um bis auf anderweit gnädigste Bestimmung aus demjenigen, was nach Abtrag der Besoldungen, von denen Einkünften benannter Hohen Schule jährlich übrig bleibt, alles, was zu Unterhaltung der ökonomischen Gesellschaft erforderlich ist, zu bestreiten, den Ueberschuß dahingegen eben so, zum Unterhalt und Vermehrung dieser Kabinetten nüzlich anzuwenden als auch dasjenige was aus denen Schriften erwähnter Gesellschaft nach Abzug erforderlichen Kösten erlöset wird, der Kasse der Staatswirthschaftlichen hohen Schule als ständige Einkünften anzuweisen. Mannheim den 13ten Sept. 1784.

Aus
Sr. Churfürstl. Durchl.
Special gnädigstem Befehl
Fr. Fhr. von Oberndorff.

An
Titl. Medicus   D. Fabris.
Die Verbringung invermeldter
Sammlungen von Lautern nach
Heidelberg betr.

Copia.   S. E.

Immassen Ihre Churfürstl. Durchl. auf beigehenden unterthänigsten Vortrag gnädigst beschlossen haben, die innen specificirte Kabinette und Sammlungen, welche vorzüglich zum Gebrauch der vormaligen Kameral Hohen Schule zu Lautern aufgestellt gewesen insgesamt nach Heidelberg verbringen zu lassen, und solche der alleinigen Aufsicht des Direktors und Lehreren der staats=

wirthschaftlichen Hohen Schule allbort zu übergeben. Als wird solches der Churpf. Regierung zur nöthigen Maaßnahm und Verfügung nachrichtlich anburch ohnverhalten. Mannheim den 13. Sept. 1784.

An
Churfürstl. Regierung also ergangen.

Nro. IV.
SERENISSIMUS ELECTOR.

Ihro Churfürstl. Durchlaucht haben sich die Gründe deren Direktoren der Staatswirthschafts Hohen Schule, Titl. Medicus, und Churpfälz. Hofkammerrathen Titl. Dyckerhoff unterm 3ten Sept. unterthänigst vorlegen lassen, warum das Gebäude der Zitzfabrik zu Heidelberg zu einem akademischen Gebäude der nach Heidelberg verlegten Staatswirthschafts Schule am schicklichsten sey. (Das hier folgende betrift die ehemalige nicht hieher gehörige Bestimmung des Hauses) So wollen Höchstdieselbe, daß nach dem Beirath berichtgebender Comissarien das Haus zu Heidelberg worin die Zitzfabrik bis anhero gewesen, der nach Heidelberg verlegten Staatswirthschafts Hohen Schul zum nothwendigen Gebrauch Kraft dieses überwiesen seyn solle. Welches dann Berichtgebere mit der ferner Höchsten Weisung empfangen, diesemnach die geeignete Maaßregeln zu treffen, wie dann auch unterm heutigen Dato der Titl. Sartorius zu Heidelberg seine nähere Instruktion deswegen erhalten hat. Mannheim den 19ten Sept. 1784.

Aus
Seiner Churfürstl. Durchlaucht
Special gnädigstem Befehl.
Fr. Fhr. von Oberndorff.

An
die Titl. Medicus & Dyckerhoff.   F. Schmiz.
Die nach Heidelberg verlegte
Staatswirthschafts Hohe
Schule betr.

Nro. V.

SERENISSIMUS ELECTOR.

Was Se. Churfürstl. Durchl. an die Oberkuratel der Universität zu Heidelberg den habitum academicum der Staatswirthschaftlichen Professoren betr. unterm heutigen erlassen haben; Solches wird dem Direktorn der Staatswirthschaftlichen Hohen Schule zu Heidelberg und Mitglied der hiesigen Akademie der Wissenschaften Tit.

Medicus zur Nachricht abschriftlich hier beigefügt. Mannheim am 6ten Nov. 1784.

Aus
Sr. Churfürstl. Durchleucht
Special gnädigsten Befehl.
Fr. Fhr. von Oberndorff.

An

Tit. Medicus.   F. Schmiz.

Den habitum academicum der Staatswirthschaftl. Professoren zu Heidelberg betr.

Abschrift.   S. E.

Gleichwie Se. Churfürstl. Durchlaucht auf nebenliegende von dem Direktor der Staatswirthschaftl. Hohen Schule zu Heidelberg Tit. Medicus unterthänigst eingereichte Vorstellung zu beschliessen gnädigst bewogen worden sind, daß die Lehrer der Staatswirthschaftl. Wissenschaften noch zur Zeit, und bis auf anderweit gnädigst gutfindende Anordnung bei vorkommenden actibus solennibus und sonsten, wo der habitus academicus gebräuchlich, lediglich in schwarzen Kleidern erscheinen sollen; Als wird solches der Heidelberger Universitäts-Oberkuratel zu weiters er-

forderlichen Verfüg- und Beobachtung andurch
gnädigst unverholten. Mannheim den 6ten Nov.
1784.

An

die Heidelberger Universitäts-Oberkuratel
also ergangen.

Nro. VI.
SERENISSIMUS ELECTOR.

Was Se. kurfürstl. Durchl. an der Heidelberger Universitäts-Oberkuratel die denen Professoren der Staatswirthschafts-Hohen Schule allborten zu bezahlende Kollegiengelder betreffend unterm heutigen erlassen haben; Solches wird dem Direktorn gbtr. Hohen Schule dann der hiesigen Akademie der Wissenschaften Mitgliede Tit. Medicus zur Nachricht abschriftlich anverwahrt. Mannheim am 6ten Novemb. 1784.

Aus

Sr. kurfürstl. Durchl.

Special gnädigsten Befehl.

Fr. Fhr. von Oberndorff.

An

Tit. Medicus F. Schmiz.
Die den Professoren der Staatswirthschaft zu Heidelberg zu bezahlende
Kollegiengelder betr.

Abschrift.   **S. E.**

Se. kurfürstl. Durchl. sind auf die von dem Direktor der Staatswirthschafts Hohen Schule zu Heidelberg Tit. Medicus, wegen Bestimmung der Kollegiengelder für daselbstige Professoren, unterthänigst überreichte hiebei verwahrte Vorstellung mildest bewogen worden, den darin enthaltenen Vorschlag seines gänzlichen Inhalts gnädigst zu genehmigen, nach welchen 1mo jedes halbjährige Kollegium so wochentlich fünf Stunden gelesen wird, mit 5 fl., 2do der halbjährige Cursus Chemicus aber mit 12 fl., wovon 5 fl. den Professorn, 7 fl. aber der Staatswirthschaftskassa für Anschaffung der Bedürfnissen gbten Collegii gehören. 3^{tio} jedes Kollegium aber so der Zuhörer zum zweitenmale höret, mit dem festgesezten halben Preis bezahlet, und endlich 4to daß dieser festgesezte Preis längstens 6 Wochen nach angefangenen Collegio an den vorlesenden Professor Eingangs erwähnter HohenSchule abgeführet werden soll. Der dortigen Universitäts-Oberkuratel wird dahero solches, um die weiters erforderliche Ankehr hiernach zu treffen, nachrichtlich andurch gnädigst unverhalten. Mannheim am 6ten November 1784.

An die Heidelberger Universitäts-Oberkuratel
    also ergangen.

Nro. VII.
SERENISSIMUS ELECTOR.

Ihre Churfürstl. Durchleucht haben in Anbetracht deren, von Dero Direktoren der Staatswirthschaftlichen Hohen Schule in Heidelberg auch Mitglied der Akademie der Wissenschaften Titl. Medicus unterthänigst vorgelegter Beweggründen, dessen zweifachem Ansuchen, um gnädigste Erlaubniß zu Aufnahm eines Kapitals von zwei tausend Gulden, damit die, zu vollständiger Lehr der, bei der Staatswirthschaftl. Hohen Schule zu Heidelberg tradiret werdender Experimentalphisik annoch abgängige, in dem Preis aber sich hoch belaufende Instrumenten andurch anschaffen, fort wegen noch zur zeitigem Abgang eines anderen Fonds, die Sicherheit jenen Kapitals auf dortig erwähnter Staatswirthschaft gewidmetes Haus stellen, annebens zu Abführung hievon fallender Zinsen, die Kollegiengelder eines jeden Kurses der Experimentalphisik, statt der bis hiehin bestimmter 5 fl. auf 12 fl. erhöhen möge, in der Maaß zu willfahren, und die höchste Einwilligung zu ertheilen, gnädigst geruhet, daß die nüzliche Verwendung sothanen Kapitals in erwähnten Behuf seiner Zeit schuldigst nachgewiesen werden solle. Erwähnter Tit. Medicus hat demnach

nach das weitere in solcher Gemäßheit behörend zu veranstalten, und gehorsamst zu vollziehen. München den 7ten Jul. 1786.

Carl Theodor Churfürst.

vt. Fr. Fhr. von Oberndorff.

Ad Mandatum Sere^mi.
Domini Electoris proprium.

An
Tit. Medicus. G. Schlösser.
Die Aufnahme eines Kapitals von 2000 fl. auf das Haus der Staatswirthschaftlichen Hohen Schul in Heidelberg betr.

VIII.
SERENISSIMUS ELECTOR.

Gleichwie an der, durch den Churfürstl. Direktoren der Staatswirthschaftlich Hohen Schule zu Heidelberg, auch Mitglied der Akademie der Wissenschaften Titl. Medicus mittels unterthänigsten Berichts vom 10ten dieses bewirkter Vorlag deren, von denen vier Lehrer der Staatswirthschafts Hohen Schul zu Heidelberg eingesendeter Verzeichnissen, in dem lezten Sommerkurs sich eingestellet habender Zuhörern, allerdings wohl geschehen; Als bemerken Ihre Churfürstl. Durchlaucht solches kurz erwähntem Titl. Medicus mit dem weiteren Auftrag anduch gnädigst, daß er gesamte ordentlich sowohl, als ausserordentliche Lehrer besagter Staatswirthschafts HohenSchul nicht minder dahin anweisen solle, wornach sie jedes Jahr zu Ende Febr. das Verzeichniß ihrer aufhabenden Sommervorlesungen und zu Ende August jenes ihrer folgender Wintervorlesungen an ihne Titl. Medicus ohnfehlbar einzusenden, welche er demnächst zum Einrucken in den Universitäts Lections-Catalogum weiters gehörig zu befördern hat. Mannheim den 20ten Octob. 1786.

Aus
Seiner Churfürstl. Durchlaucht
Special gnädigstem Befehle.
Fr. Fhr. von Oberndorff.

An
Titl. Medicus. G. Schlösser.
Die eingesendete Verzeichnissen deren, bei der Staatswirhschaftlichen HohenSchul den leztverwichenen Sommerkurs sich eingestellter Zuhörer betr.

Nro. IX.
SERENISSIMUS ELECTOR.
Ihrer Churfürstl. Durchleucht ist gnädigst zu

vernehmen vorgekommen, daß einige Lehrer der Staatswirthschafts Hohen Schule auf den Titeln ihrer Schriften sich nur Professores zu Heidelberg, andere hingegen sich Professores der Staatswirthschafts Hohen Schule in Heidelberg zu nennen pflegen. Da nun aber Höchstderoselben gnädigsten Willensmeinung gemäß ist, daß gedachten Lehrern aufgegeben werde, jedesmal bei allen Gelegenheiten, besonders in Drukschriften sich des Beisazes: *Professor der Staatswirthschafts Hohen Schule*, zu näherer Bestimmung und Information des, besonders auswärtigen Publici, zu bedienen; Als hat der Direktor ersagter Staatswirthschafts Hohen Schule Titl. Medicus die weitere Vorkehr hiernach gehorsamst zu veranlassen. Mannheim am 29ten Nov. 1786.

Aus
Sr. Churfürstl. Durchlaucht
Special gnädigstem Befehl.
F. Fhr. von Oberndorff.

An
Titl. Medicus,   G. Schlösser.
Invermeldte Benennung deren Professoren der Staatswirthschafs Hohen Schule betr.

Nro. X.
Abschrift. SERENISSIMUS ELECTOR.

Nachdem Ihre Churfürstl. Durchlaucht den von Dero gnädigst angeordneter Oberkuratel der Universität zu Heidelberg, auf unterthänigstes Ansuchen Dero Staatswirthschaftlichen Hohen Schule allbort, um Erlaubniß zu Führung eines eigenen Insiegels, mittels Berichts vom 3ten currentis gestellten ohnzielsezlichen Antrag, aus darin breiters angeführten Beweggründen, in der Maaß, zu genehmigen gnädigst geruhet haben, daß auf sothanes Insiegel folgende Worte: *Sigill der Staats- wirthschaftlichen Hohen Schule des Heidelberger Generalstudiums:* mit abgekürzten Buchstaben und liegenden Füllhorn, sodann auch den Tag und Jahr gdgstr Bewilligung an schicklichem Ort eingegraben werden sollen; Dahero hat erwähnte Oberkuratel ersagtes Generalstudium sowohl, als bemeldte Staatswirthschaftliche Hohe Schule hiernach zu verbescheiden und anzuweisen. München den 24ten November 1787.

An
die gnädigst angeordnete Oberkuratel der
Universität zu Heidelberg also ergangen.
& notificatum
Churpfälzischer Regierung.

www.ingramcontent.com/pod-product-compliance
Lightning Source LLC
Chambersburg PA
CBHW031348230426
43670CB00006B/473